리더의
생각·결정·행동

조직의 성공을 위한 리더의 역할론(役割論)

JN355649

새로움

머 리 말

이 책은 에이치엘비파워(주)의 대표이사직을 수행해오면서 직원들과 나눈 이야기를 정리한 것이다. 회의 시간에 이야기한 내용도 있고, 이메일을 통해서 주고받은 내용도 있다. 그 내용을 이렇게 정리하게 된 것은 사장의 생각, 결정, 행동을 이해하고 공유함으로써 좀 더 나은 회사를 만들어 보자는 취지에서이다.

사실 내용 중 많은 부분은 과거 본인이 경험했던 내용, 그리고 읽었던 책에서 발췌한 것들이다. 읽었던 책이나 자료는 각 문구마다 출처를 밝혀 상세한 내용을 찾아볼 수 있도록 하였다.

한 회사가 성공하기 위해서는 사장 혼자의 힘만으로는 불가능하다. 사장은 혼자만 잘 해야 하는 것이 아니라 직원의 힘을 활용할 수 있어야 한다. 적재적소는 사장의 핵심 역량 중 하나라고 할 수 있다. 이러한 적재적소가 성과를 내기 위해서 사장은 직원을 잘 파악하여야 하고, 직원은 사장을 잘 이해할 필요가 있다. 이 책은 사장이 어떤 생각을 갖고 있고, 그 생각을 어떻게 행동으로 실천하는지를 정리한 것이다.

아무쪼록 이 책에 기술된 리더로서의 생각과 결정, 그리고 행동에 대한 내용들이 회사를 운영하거나 직원들을 이끌어 가는 데 길잡이 역할을 할 수 있기를 기대한다.

2020년 6월 15일

김종원

차례

제1부 비즈니스 세계에서는 매출과 수익이 인격이다

1. 사장은 승리하는 것을 목표로 삼는다 ... 8
2. 적절한 관점을 가져야 한다 - 관점이 다르면 판단이 다르다 ... 13
3. 회사가 어떻게 운영되는지 숫자로 파악할 수 있어야 한다 ... 16
4. 목표를 명확하게 하여야 한다 ... 20
5. 사장은 어떠한 일이 일어나도 살아남을 수 있는 경영 전략을 세우고 실행해야 한다 ... 22
6. 사장의 역할은 영향력을 통해 실행된다 ... 24
7. 속도와 방향을 잡아야 한다 ... 28
8. 소프트뱅크의 경영방침 ... 32

제2부 적재적소는 사장의 핵심 역량이다

1. 임원은 사장의 결정과 비전을 실행하는 사람이다 ... 42
2. 적재적소는 사장의 핵심 역량이다 ... 46
3. 일류의 인재를 모으는 것이 아니라 지금 있는 사람을 일류로 만든다 ... 52
4. 외부 인재를 어떻게 활용할 것인가 ... 53
5. 역할 변경으로 대박난 선수가 많다 ... 59
6. 무임승차자를 어떻게 할 것인가 ... 60
7. 사람을 꿰뚫어 보는 능력을 키우자 ... 65
8. 인재육성에는 시간이 걸린다 ... 67
9. 리더는 유연성을 갖고 자기 자신을 갈고 닦아야 한다 ... 69

차 례

제3부 업무 능력을 어떻게 키울 것인가?

1. 사실과 상황을 분석하는 능력을 키워야 한다 … 78
2. 결론부터 보고하는 습관을 가져라 … 81
3. 문제를 단순화하라 … 85
4. 기본을 익히되 기본에 집착하지 말라 … 89
5. 디테일이 중요하다 … 93
6. 중요한 메시지는 700번 이상 반복하라 … 99
7. 결과를 내려면 의사결정을 빨리해야 한다 … 103
8. 보고 받을 때는 사실과 핵심을 이해하여야 한다 … 108
9. 행동을 디자인하라 … 113

제4부 어떻게 협력하게 할 것인가?

1. 팀 보다 위대한 선수는 없다 … 118
2. 갈등 없는 조직은 없다 … 122
3. 커뮤니케이션 능력을 키워야 한다 … 130
4. 피해를 보고 있다고 생각하는 직원들은 어떻게 대할 것인가 … 133
5. 긍정적인 에너지를 발산하여야 한다 … 139
6. 회사를 배신한 직원도 할 말은 있다 … 143
7. 직원의 작은 불만이 큰 화를 부를 수 있다 … 147
8. 직장 내 괴롭힘을 없애라 … 149
9. 권한과 책임관계를 분명하게 한다 … 153
10. 성과를 창출하는 협업을 이끌어 내라 … 156

제5부 어떻게 성과를 내게 할 것인가?

1. 관리운영 능력이 중요하다 … 164
2. 메리트가 매력을 만든다 … 167
3. 질책의 본질은 바로잡는 것이다 … 171
4. 팀을 잘 만드는 것이 중요하다 … 173
5. 작은 일들을 동시에 개선해야 생산성이 올라간다 … 177
6. 잘못을 알게 되면 빠르게 시정해야 한다 … 180
7. 근본 원인을 개선하여야 수익성이 개선된다 … 183
8. 인수한 회사를 단기간에 흑자회사로 만드는 일본전산에서 배울 점 … 187
9. LG생활건강은 어떻게 체질을 개선하고 성과를 내게 되었나? … 190

제6부 돌발 상황에 어떻게 대처할 것인가?

1. 돌발 상황에 대처하는 방법 … 194
2. 예방이 치료보다 낫다 … 199
3. 작은 조짐을 조심하라 … 201
4. 실패 경험을 공유하라 … 203
5. 위기를 부르짖는다고 위기의식이 높아지지 않는다 … 205
6. 잘못된 점은 바로 공개하고 시정한다 … 206

제7부 어떻게 리더십을 키울 것인가?

1. 빈스 롬바르디 그린베이 패커스 감독의 리더십 … 212
2. 존 우든 UCLA 감독의 리더십 … 218
3. 김성근 감독이 말하는 리더의 조건 … 224
4. 야구 선수 경험 없는 테오 엡스타인 단장의 성공 … 228

제8부 어떻게 미래를 대비할 것인가?

1. 조바심을 내지 않는다, 끝까지 포기하지 않는다 … 232
2. 새로운 아이디어나 제안은 쉽게 죽어 버린다 … 238
3. 직원의 성장을 이끌어 줄 좋은 멘토가 필요하다 … 240
4. 대안이 있는 회사를 만들어라 … 244
5. 불확실한 미래에 살아남는 방법 … 246

제9부 성공한 리더들의 공통점

1. 긍정의 힘에 주목하라 … 250
2. 성공을 만드는 작은 행동 … 252

비즈니스 세계에서는 매출과 수익이 인격이다

- 사장은 승리하는 것을 목표로 삼는다

- 적절한 관점을 가져야 한다 - 관점이 다르면 판단이 다르다

- 회사가 어떻게 운영되는지 숫자로 파악할 수 있어야 한다

- 목표를 명확하게 하여야 한다

- 사장은 어떠한 일이 일어나도 살아남을 수 있는 경영 전략을 세우고 실행해야 한다

- 사장의 역할은 영향력을 통해 실행된다

- 속도와 방향을 잡아야 한다

- 소프트뱅크의 경영방침

제1부

비즈니스 세계에서는
매출과 수익이 인격이다

1. 사장은 승리하는 것을 목표로 삼는다

"프로는 승리하여 분위기를 좋게 하고, 아마추어는 분위기로 이기려고 한다." 미하라 오사무(三原 脩)라는 일본의 유명 야구감독의 이야기이다. 아마추어는 서로 협력하면서 하나가 되어 승리를 추구하고 그 과정 속에서 선수들이 성장해 간다. 반면 프로는 일류선수들의 집단으로 각자가 프로로서 책임을 다해 이겼을 때 화목해진다는 것이다. 우승하고서야 비로소 화목해지고, 팀이 하나가 된다는 의미이다. 기업경영에서 '이겨서 화목하게 된다'와 '화목하여 이긴다'는 것 중 어느 것이 우선되어야 할까? 기업에 있어서 이긴다는 것은 결과를 내는 것이다. (하시가미 히데키, 노무라의 감독 미팅, 일본문예사, 2010년: 橋上 秀樹, 野村の「監督ミーティング」, 日本文芸社, 2010年)

미국 메이저리그 다저스의 감독으로 2008승을 거둔 레오 듀로서(Leo Durocher) 감독은 "사람 좋으면 꼴찌(Nice guy Finish Last)"라는 말과 "만약 이기지 못하면, 감독은 잘린다. 이기면 잘리는 시간이 조금 연기된다."는 명언을 남겼다. (Leo Durocher, Nice guy Finish Last, University of Chicago Press, 2009)

이 말은 회사를 이끄는 사장에게도 적용될 수 있을 것이다. 사장이 하는 일은 반드시 이기기 위해서 어떻게 하면 좋은지를 생각하는 것이다.

칼과 무사의 전통이 강한 일본에서 미야모토 무사시(宮本武蔵)는 역사상 최고의 사무라이로 인정받는다. 미야모토 무사시는 검도의 원조가 되는 '오륜서(五輪書, The Book of Five Rings)'를 남겼는데, 오륜서에서 미야모토 무사시는 "무사는 일대일로 싸우든, 군대를 이끌고 싸우든 반드시 승리하는 것을 목표로 삼는다. 요컨대 병법의 도는 곧 승리의 도다."라고 하였다. 오륜서의 소재는 칼싸움에서 상대를 먼저 베는 검법이지만, 핵심 주제는 몸과 마음을 갈고 닦아 인생의 결투장에서 생존하고 궁극적으로 승리에 이르는 전략과 리더십의 철학이다. 미야모토 무사시는 칼싸움이라는 좁은 분야에서 출발해 승부사의 사생관, 개인은 물론 조직의 리더로서 상대방을 이기는 경영전략, 심신을 갈고 닦는 자기 계발에 이르기까지 폭넓은 세계로 확장했다. (김경준, 오륜서 경영학, 원앤원북스, 2017년)

그렇다면 승리하는 데 필요한 사장의 능력은 무엇인가? 하마구치 다카노리(浜口隆則)는 '사장의 일'이라는 책에서 사장이라면 마땅히 품어야 할 사명과 더불어, 책임을 현명하게 감당하게 해줄 지혜의 말을 정리하고 있다. 사장이 느끼는 무게가 어느 정도인지, 사장이라면 품어야 할 사명이 무엇인지를 세세히 짚어줌으로써, 사장뿐 아니라 조직의 리더가 되고자 하는 이들에게 사장의 길을 보여주고 있다.

그는 사장에게 다음 세 가지 능력이 필요하다고 한다. 첫째, 상품을 만들어내는 능력이다. 둘째는 상품을 판매하는 능력이다. 셋째는 모든 경영활동을 원활하게 관리하는 능력이다. 경영력은 이 요소들을 곱해서 결정된다. 경영력 = 상품력×영업력×관리력이다. 그런 까닭에 하나가 0이 되면 전체도 0이 되고 만다.(하마구치 다카노리 저, 김하경 역, 사장의 일, 쌤앤파커스, 2013년)

삼성전자 권오현 회장은 '초격차'라는 책에서 "리더의 덕목은 진솔함(Integrity), 겸손(Huminity), 무사욕(No Greed)이다. 그리고 리더의 덕목을 키우기 위해서는 통찰력(Insight), 결단력(Decision), 실행력(Execution), 지속력(Sustainability)이 필요하다. 좋은 조직은 첫째, 구성원이 스스로 알아서 일을 한다. 둘째, 구성원이 서로서로 협력한다. 셋째, 조직에 문제가 발생하면 빨리 그것을 드러내놓고 해결하는 능력을 갖고 있다."고 강조한다. (권오현, 초격차, 쌤앤파커스, 2018년)

사장은 혼자만 잘 해야 하는 것이 아니라 구성원의 힘을 활용해야 한다. 즉, 조직으로 일해야 한다. 잘 되는 조직은 3박자가 맞아야 한다.

> 첫째 ‖ 리더의 제대로 된 목표 제시이다.
> 둘째 ‖ 기업에 걸맞는 인재상을 정립하는 것이다.
> 셋째 ‖ 인재들 간의 유기적인 교류를 통해 성과를 내는 것이다.

손자병법에서는 "상하(上下)가 같은 욕심을 가지면 반드시 이긴다. 스스로 강해야 장군이 된다. 하지만 장군이 되어서는 자신의 강함으로 싸우기보다 조직의 강함으로 싸울 수 있어야 한다."고 강조하고 있다. (서광원, 사장의 길, 흐름출판, 2016년)

처음부터 사장 일을 하는 경우는 많지 않다. 그렇다면 어떻게 사장의 능력을 키울 것인가? 비즈니스 설계자로서 매일같이 훈련하여야 한다. 성공한 사장과 실패한 사장의 차이는 매일 먹는 점심에서 결정된다. 성공하는 사장은 처음 가는 식당에서 점심을 먹을 경우 그 가게의 좌석 수와 객단가(고객 1인당 평균 매출액), 회전율을 계산한다. 그리고 가게면적과 인근 부동산 시세를 토대로 임대료를 산출하고, 적정한 월 매출액을 추정한다. 그 다음엔 주방과 홀에서 일하는 직원의 수를 짐작해 인건비를 계산하고 월 고정비용을 추정해 손익분기점을 파악한다. 성공한 사장은 한 번의 점심식사에서 그 가게의 70%를 파악해 낸다. (하마구치 다카노리저, 김하경 역, 사장의 일, 쌤앤파커스, 2013년)

고야먀 노보루(小山昇)는 '경영은 전쟁이다'라는 책에서 경영에 대해 다음과 같이 정리하였다.

첫째, 경영의 마음가짐이다. 적자는 사장의 무능력 탓이다. 실행에 빨리 옮기는 사람이 직책이 높다. 혼자만 떠드는 사장에게 현장의 정보는 들어오지 않는다. 보고는 귀로 듣는 것이 아니라 입으로 묻는 것이다. 회사가 도산하는 것은 불황 때문이 아니다.

둘째, 인재 육성의 마음가짐이다. 사장의 복사판이 많아야 조직이 견고해진다. 생각해보겠다는 말은 하지 않겠다는 뜻이다. 깨달음을 주고자 할 때 중요한 것은 답을 말해주지 않는 것이다. 부하직원이 자신의 적성에 의문을 품는 것은 상사의 책임이다.

셋째, 일의 마음가짐이다. 회사는 일하러 오는 곳이 아니라 실적을 올리는 곳이다. 청소에 무관심한 회사는 실적이 떨어진다. 회사의 초창기를 함께했던 사람을 소중히 대한다. 뭔가에 열중했던 경험을 가진 사람을 뽑는다.

넷째, 영업의 마음가짐이다. 영업자는 언제나 회사 밖에 있어야 한다. 평범하면 감동은 생기지 않는다. 클레임은 가능한 한 크게 떠벌린다. 클레임에서 중요한 것은 신속한 대응이다. 이동시간을 활용하면 많은 업무를 할 수 있다.

다섯째, 사업의 마음가짐이다. 우리 회사가 최고라고 생각하는 사장은 최악의 사장이다. 장기 경영 계획은 매년 수정하는 것이 옳다. 차별화 전략의 첫걸음은 디자인이다. 버리는 시스템을 갖추는 것이 중요하다. (고

야마 노보루 저, 박현미 역, 경영은 전쟁이다, 흐름출판, 2013년)

사장은 언제나 이익을 내고 승리한다는 마음을 가져야 한다. 피터 드러커(Peter Ferdinand Drucker)는 "리더의 심리상태는 곧바로 조직 전체로 전파된다. 리더가 두려움에 휩싸이면 조직은 공포에 짓눌리고 리더가 용기와 투지를 불태우면 조직도 이를 따라간다. 리더의 감정 수준이 곧 조직의 감정 수준으로 직결된다."고 하였다. (문정엽 저, 피터 드러커 경영수업, 21세기북스, 2016년)

2. 적절한 관점을 가져야 한다
   관점이 다르면 판단이 다르다

한 명의 구성원으로 있을 때와 리더의 자리에 앉아 있을 때는 보는 관점, 생각 자체가 완전히 달라진다. 하나의 구성원일 때는 많은 것이 '나' 중심이다. 하지만 리더는 어떤가? 개개인의 집합인 '조직'을 중심에 두게 된다.

관점이 다르면 판단도 달라진다. 산을 오르다 보면 나의 위치에 따라 주변 풍경이 다르게 보이고 다르게 느껴진다. 똑같은 나무, 똑같은 언덕이라도 달라 보이는 것이다.

임원이 되면 기존의 프레임을 바꾸어야 한다. 임원의 일은 지금까지 해

왔던 직원의 업무 연장선상이 아니다. 주어진 일만을 해서는 안 된다. 따라서 세상이 어떻게 돌아가는지 이해할 필요가 있다. 이 세상을 바라보는 마음의 창이 프레임이다. 자극과 반응 사이에 공간이 있는데, 그것이 태도이고 프레임이다. 사람마다 다른 것은 다른 태도와 프레임을 갖고 있기 때문이다. 비즈니스 세계에서는 기본적으로 이익이 관점을 결정한다.

한비자(韓非子)는 "시대가 변하면 모든 것이 다 변하는 법이다"고 하였다. 옛날의 선이 지금의 선으로 통용될 수 있다고 말할 수 없다. 즉, 상황이 바뀌면 관점도 바꿔야 한다는 것이다. 실제 상황은 예기치 않게 격변한다. (한비자, 외저설좌상편)

서두우수(鼠頭牛首)란 쥐가 가진 세심함과 소가 가진 대범함을 의미한다. 싸움에서 쥐의 세심함으로 상대방의 소소한 움직임도 놓치지 않도록 주의하되, 좀처럼 결말이 나지 않거나 혹은 절호의 기회가 오면 마음가짐을 달리해 소의 대범함으로 과감히 상황을 쇄신하고 기회를 잡아 상대방을 제압해야 한다. (김경준, 오륜서 경영학, 원앤원북스, 2017년)

박용후는 '관점을 디자인하라'라는 책에서 "관점이 모든 것을 결정한다. 어떤 관점으로 바라보느냐에 따라 해석하는 방식이 달라지고 전혀 다른 결과에 다다른다. 사람들 사이에서 발견되는 능력의 차이는 바로 어떤 관점에서 바라보았느냐에 기인한다. 관점을 바꾸면 보이지 않던 것들이 보이기 시작한다."고 했다. (박용후, 관점을 디자인하라, 쌤앤파커스, 2018년)

소프트뱅크(SoftBank Group Corp) 손정의(孫正義) 사장은 비전의 중요성을 강조하면서 이렇게 말했다. "눈앞을 보기 때문에 멀미를 느끼는 것이다. 몇 백 킬로미터 앞을 보라. 그곳은 잔잔한 물결처럼 평온하다. 나는 그런 장소에 서서 오늘을 지켜보고 사업을 하고 있기 때문에 전혀 걱정하지 않는다." (이지훈, 홍창통, 쌤앤파커스, 2010년)

사자나 호랑이를 길들이는 맹수훈련 전문가들이 반드시 사용하는 도구가 있다. 등받이가 없는 작은 의자다. 조련사가 의자의 네 다리를 사자의 얼굴에 들이대면 사자는 어찌할 줄을 모른다. 왜 그런가? 사자는 의자의 네 다리에 동시에 신경을 쓴다. 한꺼번에 여러 곳에 신경을 쓰다보면 마취작용을 일으켜 정신이 혼미해진다. 신경의 분화(分化)로 인하여 무기력한 상태에 빠져든다. 결국 맹수는 조련사의 명령에 고분고분 순종한다. 집중력이 분산된 사자는 자신이 뭘 하려 했는지 잊고 무기력감에 빠져든다. 일도 마찬가지 아닐까? 집중력이 분산되지 않도록 할 필요가 있다.

인생의 문제는 관점의 문제라고 한다. 무엇을 보며, 누구를 보며, 어떻게 보느냐에 따라 인생은 달라진다. 두 사람이 감옥에서 함께 살았다. 한 사람은 창문 너머로 진흙땅을 바라보며 원망하며 살았다. 그 사람은 감옥에서 나온 후에 정신병동으로 갔다고 한다. 다른 한 사람은 창문 너머로 하늘을 바라보며 시를 썼다. 밤에 별과 달을 보며 시를 썼다. 그 사람은 감옥에서 나온 후에 시집을 들고 출판사로 갔다고 한다. 누군가 만들어 낸 이야기일 수 있지만 시각이 얼마나 중요한가를 보여주는 이야기임에는 틀림이 없다.

마쓰시타 고노스케(松下幸之助)는 "감옥과 수도원의 공통점은 세상과 고립되어 있다는 점이다. 그러나 차이가 있다면 불평을 하느냐, 감사를 하느냐 그 차이뿐이다. 감옥이라도 감사해하면 수도원이 될 수 있다."고 했다. 감옥에 있는 사람들이 원망과 남을 탓하며 살아가는 동안, 수도원에 사는 수사들은 감사하며 살아간다. 감옥이나 수도원이나 갇혀 있는 것은 같다. 하지만 수도원에 사는 수사들은 늘 하나님을 바라보며 감사하며 살아간다. 날마다 수많은 영혼들을 끌어안고 중보기도를 드리며 살아간다. 중요한 것은 관점에 있으며 마음의 태도에 있다. (김경준, 세상을 읽는 통찰의 순간들-비즈니스와 인생의 본질을 통찰하라, 원앤원북스, 2019년)

논어(論語) 팔일(八佾)편에 회사후소(繪事後素)라는 말이 나온다. 그림 그리는 일은 흰 바탕이 있은 이후에야 가능하다는 뜻으로, 본질이 있은 연후에 꾸밈이 있음을 비유하여 이르는 말이다. 밑그림을 그리는 것은 눈에 띄지 않는 작업이다. 그러나 간단한 밑그림 없이는 훌륭한 그림은 그릴 수 없는 것이다. (논어, 팔일)

3. 회사가 어떻게 운영되는지 숫자로 파악할 수 있어야 한다

회사를 망치는 사장은 매출액 등의 숫자를 대충 파악하고 있을 뿐이며, 혹은 제대로 파악하고 있어도 허영심에 부풀려서 말할 때가 많다. 그리고 대개는 숫자에 약하다. 심할 경우에는 단위가 틀렸는데 눈치 못 챌 때도 있다.

정도의 차이는 있지만 모든 비즈니스의 핵심은 매출, 재고, 이윤의 관리라고 할 수 있다. 사장은 좋은 매출을 선별하고 집중하는 역량이 있어야 한다. 매출 보다 이익(수익성)을 중심으로 관리하는 역량이 있어야 한다. 이익(수익성) 관리에 영향을 주는 매출액, 매출원가, 판매관리비를 파악하고 있어야 한다는 것이다. 매출원가에서는 제조 관련 원가를 파악하고 있어야 한다. 또한 제조원가 측면에서 이익(수익성) 관리를 위해서는 사전원가 및 사후원가를 파악하여야 한다.

비즈니스 세계에서는 매출과 이익(또는 수익성)이 신분이자 인격이다. 물론, 기업의 최고 목표인 이익은 나쁜 이익과 좋은 이익이 있다. 고객과의 관계를 희생해가며 얻은 이익은 나쁜 이익이라는 것을 알아야 한다.

사장은 자기 회사의 기본적인 손익계산서를 이해할 필요가 있다.

1) 제품 또는 상품 등 회사의 주된 영업으로 판매한 금액의 총합인 매출에서
2) 매출에 직접적으로 대응되는 비용인 원재료 매입, 생산직 인건비, 기계 감가상각비, 공장전력비 등 매출원가를 차감하면
3) 매출총이익이 산출된다.
4) 여기에 영업의 유지관리와 관련된 비용인 임원 인건비, 사무직 인건비, 운반비, 본사건물 감가상각비, 접대비 등을 차감하면
5) 영업손익이 산출된다.

6) 여기에 영업과 관련 없는 수익과 비용인 이자수익, 배당수익, 이자비용, 환차손 및 세금(법인세)을 차감하면
7) 당기순손익이 산출된다.

그리고 자기회사의 이자비용 세금 감가상각 차감 전 이익인 EBITDA(Earnings Before Interest, Taxes, Depreciation and Amortization)를 관리하여야 한다. 이자비용(Interest), 세금(Tax), 감가상각비용(Depreciation & Amortization) 등을 제하고 난 후 이익은 기업의 손익계산서에서 당기순이익에 이자비용, 세금, 유·무형 감가상각비용을 더하면 구할 수 있다. 이 지표는 기업의 실제 현금 창출력을 나타내는 지표로 사용되고, M&A시 기업의 가치를 판단하는 지표로 많이 활용된다.

또한 사장은 자기회사의 원가구성도를 파악하고 있어야 한다. 원가(Cost)는 특정물품이나 서비스와 같은 특정자원을 얻는 데 소멸된 재화나 용역의 가치를 화폐액으로 측정한 것이다.

> 첫째 ‖ 판매가격은 판매원가와 이익으로 구성된다.
> 둘째 ‖ 판매원가는 제조원가와 판매비와 관리비로 구성된다.
> 셋째 ‖ 제조원가는 직접제조비(직접원가)와 제조간접비로 구성된다.
> 넷째 ‖ 직접제조비는 직접재료비, 직접노무비, 직접제조경비로 구성되며 간접제조비는 간접재료비, 간접노무비, 간접제조경비로 구성된다.

사장은 원가구조와 현상을 상세 분석하여 원가절감 효과가 큰 항목을 대상으로 원가절감 활동 전개할 필요가 있다.

첫째, 재료비 절감이다. 먼저 구입비용 절감 방안을 검토하여야 한다. 제품 설계 구조 변경, 불량 감소 방안을 찾아야 한다. 다음으로 구입비용 금액 절감 방안을 찾아야 한다.

둘째, 노무비용 절감이다. 설비 가동률 향상, 투입 공수 절감, 고임금 구조개선 등이다.

셋째, 경비 절감이다. 운반비, 외주가공비 등을 절감하는 것이다. 재고는 성장기 보다 불황기에, 산업 순환주기가 빨라질수록 중요성이 커진다. "초밥이든 휴대전화든 부패되기 쉬운 상품의 핵심은 속도다. 고가의 생선도 하루 이틀이면 가격이 내려가듯이 횟집이나 디지털 업계나 재고는 불리하다. 속도가 전부다." 제조업의 재고는 계획생산량과 시장판매량의 차이이다. (김경준, 통찰로 경영하라, 원앤원북스, 2014년)

제조업 중에서 수주 산업에 속하는 기업은 창고에 쌓아두는 재고보다 인력 규모를 유지하는 것이 중요한 과제이다. 재고=100%-가동률(Utilization Rate)로 볼 때 가동률이 65%라면 재고는 35%가 된다. 인력 규모와 인력 가동률 관리가 중요하다는 것이다.

월급쟁이를 하다가 창업한 사장은 '매출은 곧 내 돈'이라는 착각에 빠지기 쉽다. 회사에 돈이 없으면 은행에 가서 대출을 받는다. 이렇게 빌린 돈은 표도 나지 않고 이내 사라지고 만다. 또 빌린다. 하지만 추가로 빌린 돈은 더 빨리 없어진다. 차입금 이자가 더 늘어난 탓이다.

4. 목표를 명확하게 하여야 한다

사장은 목표를 명확하게 하여야 한다. 그리고 그 목표를 꼭 손으로 써서 직원 모두가 볼 수 있도록 하여야 한다. 일본의 대표적인 IT기업 중 하나인 DeNA의 난바 토모코(南場 智子) 사장은 사장실에 '매출목표 100억 엔, 금방 화내지 않기' 등의 목표를 써 놓고 매일 그 목표 달성을 위한 성과를 측정하는 것으로 유명하다.

캘리포니아 도미니칸 대학교의 심리학 교수 게일 매튜스(Gail Matthews) 박사가 267명의 참가자를 대상으로 목표 설정 연구를 진행했다. 박사는 목표를 손으로 쓰는 사람들이 그렇지 않은 사람들보다 목표를 이룰 가능성이 42%나 높다는 것을 발견했다.

키보드로 글씨를 쓰는 것은 여덟 가지 손가락 운동을 수반하고, 상대적으로 소수의 뇌신경 연결망만 사용한다. 이에 비해 손 글씨는 최대 1만 가지 움직임을 수반하고 뇌에 수 천 개의 신경회로를 만든다. 이 때문에 손 글씨가 목표에 대한 보다 강력한 애착과, 헌신과, 의욕을 불러일으킨다.

미국의 보험왕 출신 억만장자이자 성공행동연구가인 폴 제이 마이어(Paul J.Meyer)는 목표설정과 관련해 다음과 같은 연구 결과를 제시했다.

미국인의 3%가 목표와 계획을 글로 확실하게 써 놓는다. 10%가 인생의 목표로 삼는 생각을 가지고 있다. 60%가 목표 설정을 고려하지만 금전적인 부분에 머무른다. 27%는 목표설정이나 미래에 대해 생각해 본 적이 거의 없다.

마이어의 연구 대상자 구성은 다음과 같았다. 3%는 엄청난 성공을 거둔다. 10%는 적당히 부유하다. 60%는 이른바 서민이다. 27%는 국가보조나 자선에 의해 근근이 산다. (앨런 피즈, 바바라 피즈 공저, 이재경 역, 결국 해내는 사람들의 원칙, 반니, 2017년)

'후한서(後漢書)'에 나오는 고사성어인 유지자사경성(有志者事竟成)은 '뜻이 있어 마침내 이루다'라는 의미로, 이루고자 하는 뜻이 있는 사람은 반드시 성공한다는 의미이다. 이는 중국 후한(後漢)의 광무제(光武帝)와 수하 장수 경엄(耿弇)의 고사에서 유래되었다. 경엄은 원래 선비였는데, 무관들이 말을 타고 칼을 쓰며 무용을 자랑하는 광경을 본 뒤로 자신도 장차 대장군이 되어 공을 세우고자 마음먹었다. 나중에 유수(劉秀, 훗날의 광무제)가 병사를 모집한다는 소식을 듣고 달려간 경엄은 그의 수하가 된 뒤로 많은 전투에서 승리를 거두었다.

경엄이 유수의 명을 받고 장보의 군대를 치러 갔을 때의 일이다. 당시 장보(張步)의 군대는 전력이 상당히 두터워 공략하기 어려운 상대였다. 어지럽게 싸우는 가운데 경엄은 적군의 화살을 다리에 맞게 되어 피가 철철 흐르고 통증도 심했다. 그러자 경엄의 부하가 잠시 퇴각한 뒤에 전열을 가다듬어 다시 공격하자고 권했다. 그러나 경엄은 '어찌 적을 섬멸하지 못하고 주상께 골칫거리를 남겨드릴 수 있겠는가'라며, 다시 군대를 이끌고 장보를 공격했다. 장보는 마침내 패하여 도망쳤다. 유수는 경엄이 부상을 당하고서도 분전하여 적을 물리친 것을 알고 경엄을 칭찬하여 '장군이 전에 남양에서 천하를 얻을 큰 계책을 건의할 때는 아득하여 실현될 가망이 없는 것으로 여겨졌는데, 뜻이 있는 자는 마침내 성공하는 구려'라고 말했다. (후한서, 경엄전)

5. 사장은 어떠한 일이 일어나도 살아남을 수 있는 경영 전략을 세우고 실행해야 한다

사장의 역할 중 가장 중요한 것은 어떠한 일이 일어나도 살아남을 수 있는 경영 전략을 세우고 실행하는 것이다. 즉, 비즈니스를 바꿔나가는 것이 사장 일이다. 이는 누구도 대신해 줄 수 없다. 그렇다고 사장 혼자서는 일을 할 수 없다. 직원에게 동기를 부여하는 것이 필요하다. 아무리 좋은 경영 전략을 세워도 실행은 직원이 하기 때문이다. 그리고 직원을 성장시키는 것이 필요하다.

후지필름(Fujifilm Corporation)은 2011년 이후 필름사업이 소멸했으나 축적된 정밀화학기술을 응용해 바이오·헬스케어로 돌파구를 찾았다. 2000년을 정점으로 매출의 60%, 이익의 2/3을 차지했던 사진필름 사업이 급격히 무너졌고 2011년 이후로는 필름 사업 자체가 사라졌다. 이 여파로 업계의 거인 코닥은 2012년 파산했다. 반면 후지필름은 여전히 잘나간다.

후지필름은 2019년 3월 결산(2018년 4월~2019년 3월)에서 창립 85년 역사상 최고인 2,098억 엔(2조 3,000억 원)의 영업이익을 기록했다. 전년보다 70%나 늘었다. 주력인 의료기기나 바이오·헬스케어 사업이 호조인 데다, 사무기기 사업의 구조개혁이 성과를 낸 것이 주효했다.

매출은 2조 4,315억엔(26조 3,000억 원)으로 역대 최고였던 2007년의 90% 수준이지만, 이 역시 조만간 최고치를 경신할 것으로 보인다. 바이오·헬스케어 부문의 투자가 맹렬히 진행되고 있기 때문이다. 바이오·헬스 부문 매출은 전년보다 4% 증가한 1조 390억 엔으로, 기존의 주력 사업인 사무기기 부문을 웃돌았다. 특히 의약품·의료기기 제조 분야는 10%나 성장했다. 최근 후지필름은 미국 바이오·의약 대기업의 제조 자회사를 980억 엔에 인수하는 등 굵직한 투자를 계속하고 있다.

후지필름의 성공 원인은 2000년 필름 사업의 매출이 정점에 달하기 전부터 이 사업이 사라질 것을 예상하고 장기 계획을 짰다는 데 있다. 방향은 세 가지였다. 필름 사업이 쪼그라드는 동안에 최대한 시장을 방어하고 고정비를 줄여나가는 것, 내부에 축적된 기술의 활용법을 찾아 성장 동력을 이어가는 것, 기업 인수·합병 등을 동원해 신사업을 찾는 것이었다. 후지필름은 이 세 방향 모두에서 제대로 된 성과를 냈다.

후지필름의 지난 20년 실적을 살펴보면 또 하나 특이한 점이 보인다. 어떤 위기가 와도 무너지지 않는 전투력이다. 작년에 사상최고 영업이익을 올렸다는 것만이 대단한 것이 아니다. 2001년 이후 연매출을 보면 단 한 번도 2조 엔대 아래로 내려간 적이 없다. 그사이에 본업이었던 필름 사업 매출이 '제로(0)'가 됐고, 2008년 글로벌 경제위기로 심각한 시장 축소를 겪기도 했지만, 많을 때는 2조 8,000억 엔대, 적을 때도 2조 1,000억 엔대 매출로 굳건했다.

영업손익을 보면 더 인상적이다. 주력 사업 소멸, 글로벌 경제위기, 대규모 구조조정비 투입 등이 한꺼번에 발생했던 2009년에 딱 한 번 영업손실을 기록한 것을 제외하면, 매년 1,000억 엔에서 2,000억 엔 사이의 영업이익을 꾸준히 지켰다. 본업이 사라져도, 어떤 어려움이 닥쳐도 돈을 절대 잃지 않았다는 이야기다. (다이아몬드 온라인. 2017년 4월 18일)

6. 사장의 역할은 영향력을 통해 실행된다

사장의 역할은 영향력을 통해 실행된다. 리더에 대한 많은 관점과 철학이 있지만, 리더가 결국 원하는 것은 다른 누군가에게 영향력을 끼치는 것이고, 그 영향력을 통해서 다른 사람을 이끄는 것이라고 할 수 있다. 리더십은 사람을 강요하지 않고 당신을 위해 일하게 만드는 것이다.

페덱스(FedEx Corporation) 창립자 프레드릭 스미스(Frederick W. Smith)는 "리더십은 다른 사람에게 영향력을 행사하고 나를 위해 자발적으로 일하게 만드는 힘이다"고 하였다. 다만, 많은 리더들이 부하직원보다 더 많은 지식이나 능력을 가진 슈퍼맨처럼 보여야 한다는 생각. 즉, 부하직원보다 능력이 부족하거나 권위가 낮아 보이면 안 된다는 자존심 때문에 엉뚱한 행동을 하고 영향력을 상실한다. 크고 작은 리더의 경험이 있는 분이라면, 이 이야기에 대한 경험적 동의를 할 수 있을 것이다. (김환표, 최고의 팀은 어떻게 만들어지는가, 북카라반, 2019년)

그렇다면 어떻게 하면 영향력을 잘 행사하여 경영전략이 실행될 것인가?

그 방법은 권한의 위임에 있다고 할 수 있다. 위임(Empowerment)은 모든 의사결정의 근간이며, 직장인이라면 반드시 이해해야 하는 개념이다. 위임은 자신이 결정할 수 있는 업무의 결정 권한을 다른 사람에게 맡기는 것이다. 위임을 받은 사람은 자신이 판단할 수 있다고 생각되는 경우 스스로 결정을 내린다. 만약 어려운 문제가 발생하면 위임을 준 사람에게 의견을 물은 후 결정하게 된다. 위임을 처음 도입하게 되면, 일정 시간 혼선이 빚어질 수 있다. 그러나 정상적인 경우에는 시간이 지날수록 혼선은 줄고 적시에 빠른 결정이 내려짐에 따라 업무 효율성이 증가하게 된다.
왜 그냥 사장이 모든 것을 결정하지 않는가?

첫째, 비효율적이기 때문이다. 결정 권한이 한 명에게 집중되면 그 사람에게 업무의 과부하가 걸린다. 타이밍이 생명인 업계에서는 적시에 판단이 이루어지지 않는 것은 매우 큰 위험을 초래한다.

둘째, 위임을 함으로써 상위자는 좀 더 어려운 결정에 자신의 힘을 쏟을 수 있기 때문이다. 가령 반복적인 의사결정이나 어느 정도 정형화되어 있는 경우 개별적인 사안의 결정은 팀원에게 맡기고, 자신은 그러한 업무가 반복되는 원인 자체를 근본적으로 해결하는 것이 효율적이다.

셋째, 어떤 결정은 위임을 받은 사람이 자신보다 더 잘 결정할 수 있기 때문이다. 아무리 대단한 사람도 모든 영역에서 최고일수는 없다. 모든 약점을 개선하려는 노력보다는 각각의 분야에서 더 나은 결정을 할 수 있는 사람을 채용하고, 필요한 권한과 책임을 위임하는 것이 낫다. 리더에게는 그러한 사람을 알아보고 자신의 팀 혹은 회사로 끌어들일 수 있는 자질이 더 필요한 것이다.

다만, 아무리 위임을 받았다 하더라도 정말로 중요한 사안, 혹은 위임자가 직접 상황을 확인하는 안건에 대해서는 위임을 준 사람의 의견에 따르는 것이 필요하다. 어떨 때 묻지 않고 본인이 적시에 판단하여 진행하고, 어떨 때 위임자의 의견을 확인해야 하는가? 물론 이에 대한 답이 쉽지는 않다. 그러나 만약 이러한 의문이 일정 기간 이상 지속된다면 자신이 받은 위임권한을 반납해야 한다.

위임을 받은 사람은 천하를 얻은 것이 아니다. '자신에게 부여된 위임은 언제라도 회수될 수 있다'는 것을 기억해야 한다. 위임이 회수되는 경우에는 두 가지가 있다. 첫째, 사안이 정말로 중요해졌을 때 둘째, 위임을 받은 사람이 제대로 된 판단을 하지 못하고 있을 때이다.

이와 같이 위임은 언제라도 회수될 수 있다. 단, 위임 회수를 남발하면 사람들은 자신이 맡은 업무에 대한 책임과 권한의 무게를 잃어버린다. 반대로 빠른 조치가 필요할 때 위임 회수를 망설이면 회사가 망가진다. 따라서 본인이 결정할 것인가, 위임을 줄 것인가, 그리고 부여한 위임을 회수할 것인가의 판단을 리더가 얼마나 잘 하는지가 성패를 좌우하게 되는 것이다. (케네스 머렐/미미 메레디스 공저, 김기쁨 역, 권한위임의 기술, 지식공작소, 2004년)

도지태아(倒持泰阿)라는 말은 '명검(名劍)을 거꾸로 잡아, 손잡이를 다른 사람이 잡게 하다'라는 뜻으로 남에게 큰 권한(權限)을 주고 자신은 도리어 피해(被害)를 입음을 비유한 말이다. 이 고사성어는 '한서(漢書)' 매복전(梅福傳)에서 유래한 말이다. 임금이 자신의 권한을 신하에게 위임하는 것은 곧 태아검 같은 보검의 칼자루를 남에게 맡기는 것이나 다름없다는 뜻이다.

보검의 칼자루를 아무 생각 없이 남에게 쥐어주고 말았으니 칼 주인이 되레 해를 입는 건 당연지사로, 임금의 대권 또한 함부로 신하에게 맡기면 사달이 난다는 속뜻을 품고 있다. 여담이지만 이 태아검은 중국 초(楚)나라에 전해지는 명검으로 이름 높았는데, 본래 소유자는 초패왕 항우(楚霸王 項羽)였다고 한다.

한편, 한비자(韓非子)는 신하가 강하면 군주가 살해된다고 했다. 군주가 총애하는 신하를 지나치게 가까이 하면 그들은 군주를 위태롭게 할 것이며, 또 대신의 권위가 지나치게 높으면 반드시 군주의 지위를 탈취하려 들 것이다. 부인과 첩을 똑같이 대우하고 차이를 두지 않으면 적자의 지위가 위태로워진다. 군주의 형제가 군주에게 복종하지 않으면 그 지위를 노리게 되어 국가가 위태로워진다. (한비자, 제4편 애신)

7. 속도와 방향을 잡아야 한다

일을 시작하는 속도가 당신의 의욕을 보여준다. 시작이 빠르다는 것만으로 당신의 매력은 충분하다. 지속적으로 성장하는 사람의 주된 특징 중의 하나가 '첫 행동이 빠르다'는 점이다. 주식시장에서 통용되는 말로 "이미는 아직이고, 아직은 이미다"라는 말이 있다. "아직 더 올라가겠지"라고 생각할 때는 이미 상황이 달라져 있다는 뜻으로, 결단을 미루면 금세 타이밍을 놓쳐 버린다는 말이다. (김정환, 샐러리맨 아트 컬렉터, 이레미디어, 2018년)

저명한 경영 컨설턴트인 짐 콜린스(Jim Collins)는 실패한 결정 10개 중 8개는 판단을 잘못해서가 아니라 제 때 결정을 못 내렸기 때문이라고 하였다. 기업경쟁력은 규모(Volume)×품질(Quality)×속도(Speed)에 의해 결정된다. 따라서 먼저 선점하는 것이 중요하다. 시간 단축력, 적시성, 용이성이 중요한 것이다.

비즈니스의 진짜 목적이 무엇일까? 효율적으로 빨리 처리하는 것이 목적이 아니다. 좋은 결과를 만들어 내는 것이 비즈니스의 목적이다. 실제 빠른 게 능사가 아니라 상황에 맞는 속도가 중요하다. 무지한 초보 뱃사공은 부조건 열심히 노를 젓는다. 경험이 있는 뱃사공은 밀물과 썰물에 대한 지식을 기반으로 물이 들어 온 타이밍에 노를 저어 적은 힘으로도 배를 적당한 속도로 나가게 한다.

칼싸움은 빠른 속도가 능사가 아니라 상황에 맞는 속도가 중요하다고 한다. 로마의 역사가 수에토니우스(Suetonius)가 저술한 책 'De vita Caesarum'에 나오는 '천천히 서둘러라(Festina Lente)'라는 말은 로마의 황제 아우구스투스(Augustus)가 한 말이라고 한다. 로마의 영웅 카이사르(Gaius Julius Caesar)가 암살된 이후 벌어진 피비린내 나는 내란을 종식시킨 아우구스투스는 아예 이 말을 자신의 좌우명으로 삼았다. (김동섭, 라틴어 문장 수업, 알에이치코리아, 2018년)

서두르지만 전후좌우를 따져보면서 서두르라는 말이다. 방향과 목적의식을 잃고 자신이 왜 빨리 서두르는지를 망각하는 경우가 있다. 목적 없는 질주와 탈주는 가만히 앉아 있는 것만 못하다. 그래서 멈출 시기를 아는 결단과 차분한 여유가 질주하는 속도와 서두르는 조급함보다 더 중요하다. 속도 보다는 방향이 중요한 경우도 많다.

'붉은 깃발법'이라고도 하는 영국의 적기조례(The Locomotives on Highways Act)는 잘못된 방향, 잘못된 규제의 예로 많이 거론된다. 세계 최초의 교통법이라는 타이틀을 가지고 있지만 실상은 권위주의의 병폐이자 악법이다. 제도가 현실을 따라가지 못하면 어떤 일이 벌어지는가를 보여주는 사례이다. 단순히 요약하자면 '자동차 보급되면 마부들이 실직하니 자동차는 말보다 느리게 다니세요'라는 내용이다.

1826년 영국에서는 사상 최초로 실용화된 자동차가 등장한다. 증기기관을 탑재한 28인승의 이 자동차는 런던 시내와 인근 도시 간에 정기 노선버스로 10대가 투입돼 큰 인기를 끌었다.

그런데 이 증기 자동차가 실용의 영역을 넓혀갈 무렵 지금 생각하면 헛웃음이 절로 나오는 법안이 통과돼 막 불이 붙기 시작한 영국의 자동차 산업에 찬물을 끼얹는다. 당시에 증기기관은 놀랄만한 발명이었다. 이후로 끊임없는 증기자동차의 실용화 노력이 이어져 1820~1840년에 걸쳐서는 '증기 자동차의 황금시대'를 열었다. 그러나 증기자동차의 보급이 늘어나면서 문제가 생겼다. 마차 업자들이 반기를 들고 나선 데다, 종종 증기자동차의 폭발사고도 일어났기 때문이다.

성격 자체는 러다이트 운동과 비슷하지만 러다이트 운동은 운동의 방향을 기득권에 대한 폭력으로 실행하여 실패한 반면, 적기조례는 정치인 로비를 통한 입법운동의 방향으로 전개되어 법이 제정되는 바람에

상당히 오랫동안 영향력을 가졌다. (오형규, 보이는 경제 세계사, 글담, 2018년)

　고대 로마의 2대 황제 티베리우스(Tiberius)에게 한 유리 기술자가 깨지지 않는 유리잔을 진상했다. 황제는 "다른 사람도 이 발명품을 아는가"라고 물었다. 발명가가 "그렇지 않습니다"라고 대답하자 황제는 발명가를 사형에 처했다. 깨지지 않는 유리가 본인이 가진 금과 은의 가치를 떨어뜨릴까 우려했기 때문이다.
　그 결과 라틴어로 '위트룸 플렉실(Vitrum Flexile)'라 불리던 휘어지는 유리는 자취를 감추었다가 2,000년이 지나서야 뉴욕 증권시장 상장사 코닝(Corning) 덕분에 다시 출현했다.
　이미 세상에서 가장 큰 권력과 부를 가졌던 티베리우스는 예상치 못한 가치가 있는 발명품이 출현하면 자신이 얻을 것보다 잃을 것이 많겠다고 예상한 것이다. 그런 식으로 권력은 수천 년 동안 혁신을 억압했다. 보통 현상 유지는 권력자의 이익에 부합한다. (사토 겐타로 저, 송은애 역, 세계사를 바꾼 12가지 신소재, The Business Books and Co., Ltd, 2019년)

　방향 설정의 중요성에 대한 또 다른 예로 명나라의 항해금지정책이 있다. 명나라는 해상 강국이었다. 정화의 함대로 대원정에 나서는 등 대외 진출에 진력했지만 영락제(永樂帝) 이후 정치 주도권이 환관과 관료들에게 넘어가면서 권력 다툼이 끊이지 않았다. 이 와중에 왜구의 준동으로 남부 해안가가 황폐해지자 왜구를 통제한다는 명목으로 대형 선박 제조를 금지하고 바다를 통제하는 '해금(海禁)정책'을 폈다. 이후 중국은 제해권을 상실하면서 서구 열강의 침입을 허용하는 역풍을 맞게 된다. (홍익희, 유대인 경제사, 한스미디어, 2017년)

8. 소프트뱅크의 경영방침

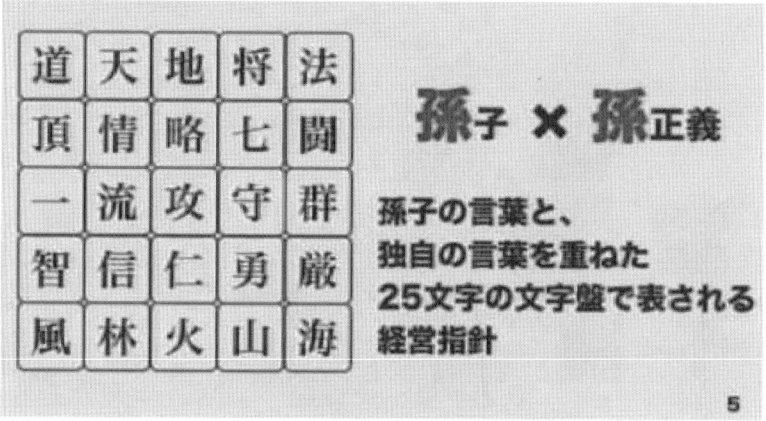

소프트뱅크 손정의 사장은 '손자병법'에 나오는 말에 '손정의 사장'이 생각한 글자를 추가하여 25자로 된 문자판으로 본인의 경영 방침을 정리하였다. 이는 손 사장이 만성간염으로 입원하고 있던 20대 후반에 만든 것으로, 이후 중장기 전략을 고려할 때 반드시 이 25자의 뜻과 일치하는지 자문자답하여왔다고 한다.

문자판은 5×5로 배열되어 있는데, 글자의 배열은 상황에 따라 바뀐다. 글자의 순서를 바꾸는 이유는 다음 그림의 피라미드처럼 사물에는 중요도가 있기 때문이다. 단순히 폭넓게 생각하면 되는 게 아니라, 중요한 것

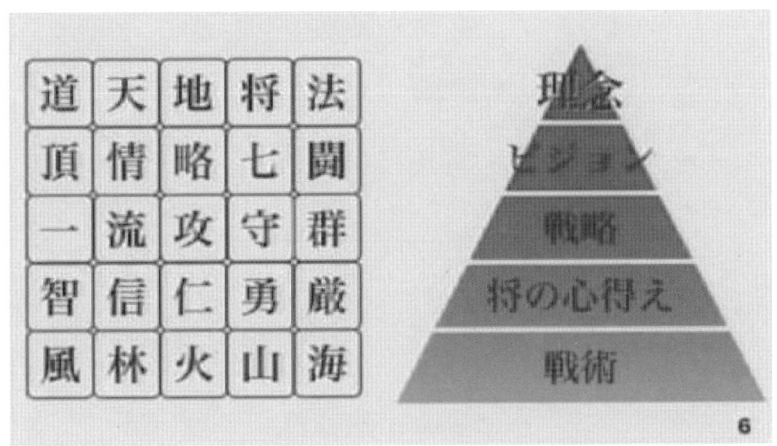

부터 머릿속에 넣어 두어야 한다. 의사결정을 해야만 할 때 순간적으로 25항목을 모두 체크해야 하지만, 모두 체크할 수 없을 때에는 앞에 있는 중요한 것부터 체크를 해야 한다는 것이다.

1행의 「道」「天」「地」「将」「法」은 '이념', 2행의 「頂」「情」「略」「七」「闘」는 '비전', 3행의 「一」「流」「攻」「守」「群」은 '전략', 4행의 「智」「信」「仁」「勇」「厳」은 '리더의 마음가짐', 5행의 「風」「林」「火」「山」「海」는 '전술'을 뜻한다.

1행과 4행, 그리고 5행의 「風」「林」「火」「山」는 손자병법에서 인용했고, 나머지는 손정의 사장이 직접 생각했다고 한다. 손정의 사장이 설명하는 각 문자의 의미는 다음과 같다.

이념

· 道는 이념을 말한다. 소프트뱅크적 의미로는 "정보혁명으로 사람들을 행복하게 한다."

· 天은 하늘이 내려준 때, 타이밍을 말한다. 소프트뱅크적 의미로는 '정보 빅뱅'이라는 절호의 타이밍을 의미한다. '인터넷'이라는 시대에 우리가 태어난 것 자체가 타이밍적으로 엄청난 행운인 것이다. 50년 전, 100년 전에는 정보 빅뱅이 없었다. 마쓰시다 씨는 그런 의미에서는 불행하다고 볼 수 있다. 그만큼 재능과 인격을 지닌 사람이 태어난 때가 좀 좋지 않았다. 그가 이 시대에 태어났다면, 아주 좋은 호적수가 되었을 것이다. 반대로 우리에게는 그게 행운이라고 할 수 있다.

· 地는 지리적인 이점을 말한다. 소프트뱅크적 의미로는 인터넷 중심이 미국에서 아시아로 옮겨 가고 있음을 의미한다. 15년 전에는 인터넷 이용자의 50%가 미국인이었고, 아시아 사람은 19%에 불과했는데, 앞으로 5년 후에는 아시아가 50%가 된다. 벌써 중국이 미국 사용자를 넘어섰으며, 중국을 중심으로 한 아시아가 50%, 미국은 12%에 그치게 되었다.

· 將은 뛰어난 리더를 얻는 것을 말한다. 모두를 위해서 "팔과 다리 하나 정도는 없어도 된다. 때로는 목숨까지도 필요 없다"라고 말할 정도로 뜻을 함께 하는 리더를 얼마나 부하로 두느냐가 중요하다. 최소한 10명은 필요하다. 자신 혼자서는 아무 것도 할 수 없다. 자신이 대장이 되기 위해서는, 자신을 받쳐줄 10명 정도의 뜻을 같이 하는 리더가 있어야만 한다.

· 法은 도량형, 화폐, 한자, 차의 너비, 교통 서비스와 같은 체계를 정립하는 것을 말한다. 요행으로 얻거나, 근성만으로 얻은 성공은 지속될 수

가 없다. 성공하기 위한 시스템, 법칙을 만들어 나가지 않으면 커다란 조직을 만들 수 없다. 계속적으로 성공할 수도 없다.

비전

· 頂은 비전을 말한다. 올라갈 산을 결정하고, 산 정상에서 본 경치를 그림으로 그려 본다. 비전을 갖고 있지 않은 리더는 최악이다. 10년 후에, 또는 30년 후에 우리회사는 이렇게 될 거라고 확실하게 딱 잘라서 이야기 할 수 없는 사람은 리더로서 실격이다. 일본회사에 사장으로 취임하게 되면, 첫 인사로 신문이나 잡지, 텔레비전의 인터뷰를 하게 되는데, 자신이 후계자가 되었다고 생각해 보라. 기분은? 포부는? 이때 답할 것을 지금부터 생각해두지 않으면 안 된다. 일본의 대기업, 상장회사의 대부분의 사람들이 처음 말하는 것이, '뜻하지 않게 사장을 맡게 되어…'라는 표현이다. 갑자기 사장이 되었다면, 부하들은 정말 불쌍하다. 이런 리더는 부하들을 고생만 시킬 뿐이다. 이런 사람들이 비전이 있을 턱이 없다. 비전은 갑자기 툭 하고 떠오르는 것이 아니다. 평소에 고민하고, 고민하고, 머리가 터지도록 고민하지 않으면 안 된다.

· 情은 정보 수집이다. 소프트뱅크를 시작하기 전에 1년 반 동안 어떤 사업을 시작할지 생각했다. 40개의 새로운 사업을 철저하게 검토하여, 10년간의 예상자금운용표, 예상손익계산서, 예상대차대조표, 인력계획, 매출 및 시장 점유율 등을 철저하게 분석했다. 하나의 비즈니스 모델에 대한 자료가 1미터 이상씩 되었다. 본인이 제안하는 능력이 없으

면 이미 실격이다. 자기 자신부터 이것을 하자, "우리 회사가 이것을 하지 않으면 세계의 흐름에 뒤쳐진다. 이것을 함으로써 소프트뱅크가 몇 배 큰 회사가 될 것이다."라고 생각하는 비즈니스 모델, 이러한 것을 항상 생각해라.

· 略은 비전을 달성하기 위한 전략을 말한다. 온갖 정보를 수집하고 분석해서 불필요한 것들을 제거하여 가장 굵은 줄기가 될 수 있는 부분을 취한다. 요점을 찾아 실행하는 것이 중요하다.

· 七은 승률 7할로 승부를 시작하는 것이다. 승률 5할에서 싸움을 시작하는 것은 어리석고, 승률 9할까지 기다리면 이 바닥에서는 이미 늦다. 잘라 버려도 본체는 살아남을 수 있도록, 3할 이상의 위험을 부담해서는 안 된다. 3할 잃었다고 "만회해야만 한다"며 뒤쫓아 가면 전멸하는 경우가 많다. 고집으로 싸우지 말라. 잃은 3할이 아깝다는 생각 때문에 회사가 무너진다. '비겁자', '무책임'이라고 비난하는 언론들 때문에 퇴각하는 데는 10배의 용기가 필요하다.

· 鬪는 싸워야 비로소 일을 이룰 수 있다. 아무리 우수한 비전과 전략이라도, 스스로 싸워서 이루겠다는 각오가 없으면 무책임한 논의가 될 뿐이다.

전략

· 一은 압도적인 1위가 될 수 있는 전략이 있는 분야만 일을 시작하는 것이

다. 마이크로소프트 윈도우(Microsoft Windows)와 인텔 CPU, 구글, 아마존처럼 압도적인 1위가 아니면, 이익이 줄어들게 되는 것은 시간문제이다.

· 流는 시대의 흐름을 거역하지 말라는 것이다. 특정한 분야의 지엽적인 부분에서 성공하려는 것은 사업가로서 실격이다. OS나 통신 방식 등 향후 주류가 될 것을 선택하지 않으면 안 된다. '싸게 살 수 있다', '조직을 꾸리기 쉽다'라고 해서 선택해 버리면, 작고 지엽적인 것을 선택해 버릴 가능성이 있다.

· 攻은 치고 나가는 것이다. 구체적으로는 영업, 기술 개발, M&A, 신규 사업 등으로 하나만 가지고는 안 된다.

· 守는 지키는 것이다. 구체적으로는 현금 흐름 경영, 비용절감, 투자의 효율성, 철수, 준수, 감사, 보도위험 등을 의식하는 것이다. 벤처는 직원이 2~3할 그만두어도 망하지 않는다. 매출이 2~3할 감소해도 망하지 않는다. 망하는 원인의 대부분은 자금 조달이다. 또한 올바른 것이 아니라면 하지 말라. 지금 법률을 위반하지 않는다고 해도, 30~50년 후에 "다누마 오키쓰구(田沼 意次, 1719년 ~ 1788년, 에도 시대의 다이묘,)였네."라는 말을 듣지 않도록 해야 한다. 고(故) 다나카 가쿠에이 씨는 법과 관련하여 애매했던 부분이 수 년 후 새로운 시대에서 명확하게 불법으로 되었기 때문에 실각했다.

· 群은 동지적인 결합과 자본 결합을 함께 갖춘 멀티 브랜드 전략을 채택

하는 것이다. 단일 브랜드는 효율이 좋지만, 위험하다. 30년 정도는 괜찮겠지만, 300년 지속되기는 어렵다.

리더의 마음가짐

· 智는 지력을 가지는 것이다. 소프트뱅크적 의미로는 사고력, 글로벌 협상력, 프리젠테이션 능력, 기술, 금융, 분석력을 의미한다. 한 가지의 능력만 가지고 있다고 하면, 장기판에서 '차(車)'가 될 수는 있을지언정 '왕(王)'이 될 수는 없다. 각 분야의 전문가들과 높은 차원에서 논의가 될 수 있도록 되어야 한다.

· 信은 동지적인 결합과 파트너십을 맺기 위하여 신의나 신용, 신념을 가지는 것이다.

· 仁은 인애(仁愛)를 가지는 것이다.

· 勇은 용기를 가지는 것이다. 치고 나가는 용기나 커다란 적들과 싸우는 용기, 철수하는 용기 등을 말한다. 퇴각하는 용기가 없는 최고 지도자는 국가와 회사를 망하게 하기 때문에, 용기는 항상 몸에 익히고 있지 않으면 안 된다. 퇴각의 결단은 최고 지도자밖에 할 수 없다.

· 厳은 엄격한 것이다. 단순하게 '엄격하다'라는 것이 아니라, 인애(仁愛)를 가지면서 조직을 위해 때에 따라서는 악마가 되는 것이 중요하다.

내가 가장 신뢰하는 부하라 하더라도.

전략

· 風은 재빠르게 실행하는 것이다.

· 林은 조용히 실행하는 것이다.

· 火는 철저하게 실행하는 것이다

· 山은 흔들리지 않는 것이다

· 海는 바다처럼 모든 것을 삼킨 후 평화로운 상태로 만들고 나서야, 처음 전투가 완결된다는 것이다.

(2010년 소프트뱅크 아카데미아 개교 기념식 손정의 사장 연설 내용, https://logmi.jp/business/articles/28963)

적재적소는
사장의 핵심 역량이다

- 임원은 사장의 결정과 비전을 실행하는 사람이다

- 적재적소는 사장의 핵심 역량이다

- 일류의 인재를 모으는 것이 아니라
  지금 있는 사람을 일류로 만든다

- 외부 인재를 어떻게 활용할 것인가

- 역할 변경으로 대박난 선수가 많다

- 무임승차자를 어떻게 할 것인가

- 사람을 꿰뚫어 보는 능력을 키우자

- 인재육성에는 시간이 걸린다

- 리더는 유연성을 갖고 자기 자신을 갈고 닦아야 한다

제2부

적재적소는 사장의 핵심 역량이다

1. 임원은 사장의 결정과 비전을 실행하는 사람이다

고민보다는 실행하고 창조하는 것이 임원의 역할이다. 어떤 사람들은 견제하고 균형을 유지하게 하는 것이 임원의 역할이라고 하는데 이렇게 해서는 회사가 잘 돌아가지 않을 것이다. 사장이나 임원회의에서 결정한 일을 실행하는 것이 임원의 가장 중요한 역할이라고 생각한다. 당연한 사실을 알고만 있는가, 실천하고 있는가에 따라 결과는 달라진다고 본다. 성공은 할 수 있는가, 없는가로 결정되지 않는다. 실천하는가, 하지 않는가로 판가름날 뿐이다.

실천하지 않고 그저 할 수 없다고 단념하지 않는가? 먼저 할 수 있는 일을 철저히 실천하여야 한다.

임원의 다음 역할은 정보를 잘 파악하고 정리해 올바른 결단을 내릴 수 있게 하는 것이다. 사장의 입장에서는 기업이 커지면 이전처럼 상황을 모두 살펴보고 관리하기가 어려워진다. 사장이 전체 정보를 정확히 알지 못하더라도 사장은 중요한 순간에 결정을 내려야 한다. 그럴 때 판단의 근거를 제공하는 것이 바로 중간관리자자급 리더나 임원이다. 중간관리자들은 현장도 직접 살펴 볼 수 있고 경영진과도 직접 연결이 되어 있다. 즉 현장에서 올라오는 하부의 1차 정보와 경영진으로부터 내려오는 상부의 1차 정보를 모두 얻을 수 있는 위치에 있다. (홍석환, 회사를 키우는 실행의 힘, 행복에너지, 2014년)

선마이크로시스템즈(Sun Microsystems, Inc)의 사장을 22년간 역임한 스콧 맥닐리(Scott McNealy)는 "잘못된 전략이라도 제대로 실행만 되면 반드시 성공할 수 있다. 반대로 뛰어난 전략이라도 제대로 실행되지 못하면 반드시 실패한다."고 하였다. 또한 제너럴일렉트릭(General Electric)의 회장이었던 잭 웰치(Jack Welch)는 "슬로건이나 연설만으로는 아무것도 변화시킬 수 없다. 그것은 변화가 필요한 곳에 적당한 사람을 배치함으로써 가능하다. 조직에서 가장 중요한 것은 사람이고 전략이나 그 외의 것은 그 다음이다."고 하였다. (휴넷명언집, 100대 경영어록, www.happyceo.or.kr)

한때 노키아(Nokia Corporation)는 핀란드의 상징이었다. 노키아는 1994년 이후 휴대전화 제조업체로 변신해 핀란드 역사상 최초로 초일류 기업의 반열에 올랐다. 1995년 핀란드 국내총생산(GDP)의 1.1%였던 노키아의 부가가치 생산액 비중(GDP 점유율)은 2000년 4%로 훌쩍 커졌다. 노키아의 매출액은 한때 핀란드 GDP의 3.8%에 달했다. 세계는 핀란드를 두고 '단일 기업 경제Oone Firm Economy)' 체제라고 불렀다. 이런 노키아가 망했다. 노키아가 몰락한 것은 더 완벽한 준비를 위해 시장 변화 대응에 미흡했기 때문이라고 한다. (박상인, 삼성전자가 몰락해도 한국이 사는 길, 미래를 소유한 사람들, 2016년)

그렇다면 어떻게 실행력을 강화할 것인가? 사장이 내린 최종결론까지 따르지 않는 인물은 참모 역할을 맡기에 부족하다고 생각한다. 따라서 실행하는 것이 본인의 역할임을 인식할 필요가 있다고 본다. 실행력 강화를 위해 마쓰우라 야타로(松浦彌太郎)의 제안은 매우 효과적일 것이다.

마쓰우라 야타로는 '일의 기본 생활의 기본 100'에서 "'대답은 빨리'를 기본 원칙으로 삼읍시다. 악기를 두드리면 바로 소리가 나는 것처럼, 민첩한 반응을 하도록 평소에 자신을 단련해 나갑시다. '지금 말씀드리기가' 하며 대답을 회피하는 사람들이 있습니다. 꿀 먹은 벙어리가 되어 상대를 답답하게 만드는 사람도 있습니다. 이렇게 하면 기회는 날아가 버릴지도 모릅니다. 모든 일에 있어서 행운은 절묘한 타이밍과 아주 밀접한 관계를 맺고 있습니다."라고 하였다. (마쓰우라 야타로 저, 오근영 역, 일의 기본 생활의 기본 100)

센다 타쿠야(千田琢哉)는 '생각을 이기는 행동의 힘'이라는 책에서 "생각만 하는 천재보다 행동하는 바보가 돼라. 행동이 빠르면 그만큼 많은 생각을 하게 된다. 일단 할 수 있는 데까지 하고 보자! 일은 시작이 전부다. 마감일을 지키는 것이 능력이다. 마감일을 지키지 못하는 원인은 능력 부족에 있다. 마감일을 지킨 업무만이 평가 대상이다. 행복하되 주변의 조언은 꼭 들어라. '안 해봐도 다 안다'는 말은 악마의 속삭임이다. PDCA(Plan-계획, Do-실행, Check-검증, Act-개선)을 습관화하라."고 조언한다.

고미야 가즈요시(小宮 一慶)는 '사라지는 회사 살아남는 회사'라는 책에서 일단 시도해 보는 것의 중요성을 이야기 하였다.

일단 시도해보자. 무조건 시도해보자. 사원 한 사람 한 사람이 자유롭게 도전할 수 있는 사내 분위기나 문화가 있는 회사를 컨설팅적인 표현으로는 '실험형 회사'라고 말하는데, 이런 회사는 새로운 아이디어를 계속해서 창출해낼 수 있는 힘이 있다.

'시도해보라(やってみなはれ)'라는 사훈으로 유명한 산토리홀딩스(Suntory Holdings)는 그러한 회사 중 하나다. 이 말은 창업자인 도리이 신지로(鳥井信治郎)의 입버릇이었다고 한다. 2대째 사장인 사지 게이조(佐治敬三)가 맥주 시장에 진출 할지 의견을 구하자 그에게 한 대답도 "시도해보라."였다.

이 정신은 연면히 이어져, 창업 100년이 경과한 지금도 산토리의 DNA로 살아 숨 쉬고 있다. 최근에 산하 기업인 산토리플라워즈가 '파란 장미' 판매를 개시해 화제가 되었는데, 개발이 불가능하다고 여겨졌던 파란 장미 개발에 도전한 것은 지금으로부터 20년 전의 일이었나. 그동안 실패를 거듭하면서도 사업을 계속할 수 있었던 것도 '시도해보라' 정신 덕분이었다. 이 정신은 지금도 모든 사원들의 가슴속에 확고히 뿌리를 내리고 있다 (고미야 가즈요시 저, 김정환 역, 사라지는 회사 살아남는 회사, 21세기북스, 2010년)

2. 적재적소는 사장의 핵심 역량이다

사장이 가져야 할 가장 중요한 역량은 적재적소이다. 다만, 그때그때의 상황에 따라서 적재적소의 개념은 달라진다. 중국 진(秦)나라 말기 항우(項羽)의 초(楚)나라를 꺾고 천하를 통일한 유방(劉邦)은 다음과 같이 술회했다. "전쟁에서 전략을 세워 승부를 거는 면에서 나는 장량(張良)만 못하다. 나라를 다스리며 경제를 돌보는 면에서 소하(蕭何)에 못 미친다. 또한, 군대를 통솔하고 전투에 이겨 적의 성을 함락시키는 면에서 한신(韓信)만 못하다. 그러나 걸출한 세 인재의 지혜를 빌린 것이 내가 천하를 제패할 수 있었던 가장 큰 원인이다."

반면에 항우는 자신은 출중했지만 적재적소의 안목이 부족했다. 범증(范增)같은 탁월한 전략가를 곁에 두고도 제대로 활용하지 못했고, 당초 자신의 수하에 있었던 한신의 군사적 재능을 알아보지 못해 유방 진영으로 이탈하는 등 용인술의 한계로 결국 패배자가 되고 말았다. (김영수, 위인爲人: 리더의 가치를 살리는 10가지 덕목, 위즈덤하우스, 2015년)

 중국 속담에 "울타리를 만들려면 세 개의 말뚝이 필요하다"는 말이 있다. 큰 뜻을 지닌 사람이 그 뜻을 이루기 위해서 반드시 훌륭한 조력자가 있어야 한다는 의미이다.

 그런 점에서 사장에게 가장 우선시되어야 할 능력은 인재를 알아보는 능력, 그리고 그 인재를 적재적소에 잘 활용하는 능력이라 할 것이다. 중국 춘추(春秋)시대에 천리마 감별사로 유명한 백락(伯樂)이라는 사람이 있었다. 백락상마(伯樂相馬)는 '백락이 말을 관찰하다'라는 뜻으로 인재를 잘 고르다는 의미로 사용된다. 춘추시대에 말의 좋고 나쁨을 가리는 상마가(相馬家)였던 손양(孫陽)은 명마를 가려내는 안목이 가히 신(神)의 경지에 도달하여 사람들은 그를 존중하여 백락(伯樂)이라고 불렀다. 무릇 백락이 마음에 들어 하는 말은 하나같이 최상급 명마였다.

 하루는 초나라 왕이 백락에게 천리마를 구해오라고 하자 백락이 초왕에게 이렇게 말했다. "천하에 천리마는 손에 꼽을 만큼 극히 드무니 구하기가 쉽지 않을 것입니다. 방방곡곡 샅샅이 찾아보려면 시간이 좀 걸릴 텐데 폐하께서 인내하고 기다려주신다면 소인, 수단과 방법을 가리지 않고 구해오도록 하겠습니다."

그리하여 천리마를 구하러 길을 떠난 백락은 명마의 고장인 연나라와 조나라를 돌면서 샅샅이 찾아보아도 마음에 드는 천리마를 찾을 수 없었다. 낙심하고 제나라를 거쳐 돌아오는 길에 백락은 무거운 소금 수레를 힘겹게 끌고 가쁜 숨을 몰아쉬며 오르막길을 오르는 말 한 마리를 발견하였다. 말을 보고 그냥 지나칠 수 없었던 백락은 저도 모르게 가까이 다가가 자세히 살펴보니 그 말은 삐쩍 말라 뼈만 앙상하게 남은 채 꼬리는 축 늘어져 있었다. 불쌍하고 측은한 마음에 말을 쓰다듬자 말이 갑자기 앞발을 높이 들고 구슬피 우는 것이었다. 울음소리는 하늘에 크게 울리며 멀리 퍼져나갔고 그 울음소리를 들은 백락은 대뜸 자신이 그토록 찾아 헤맸던 천리마임을 알아보았다.

백락이 필부에게 말했다. "용맹한 장군을 태우고 천하를 누벼도 시원치 않을 천리마가 이곳에서 소금 수레나 끌고 있다니 참으로 안타깝도다. 자네 이 말을 내게 팔게나." 필부는 속으로 백락이 보는 눈이 없는 멍청이라며 비웃으며 망설임 없이 그 말을 백락에게 헐값에 팔았다.

천신만고 끝에 천리마를 구한 백락은 가벼운 심정으로 한달음에 궁에 달려갔다. 그는 말의 목을 쓰다듬으며 이렇게 말했다. "천리마일지어다! 내 네게 용맹한 주인을 찾아 주리라." 천리마도 백락의 말을 알아들었는지 앞발을 높이 들더니 또다시 울음소리로 화답했다. 말 울음소리를 들은 초왕이 급히 궁 밖으로 나왔다. 백락은 말 등을 툭툭 치면서 말했다. "폐하, 그토록 기다렸던 천리마를 구해왔습니다. 구경 한번 해보십시오." 그러나 초왕의 눈앞에는 삐쩍 말라 볼품없는 늙은 말 한 마리만 서 있을 뿐 천리마는 보이지 않았다. 불쾌한 듯 초왕이 말했다. "자네 지금 과인을 농락하는 것이오? 어찌 이런 말을 내 앞에 가져다 놓고 천리마라고 큰 소리로 떠드는 것이오?" 이에 백락이 "폐하, 이 말은 천리마임이 확실합니다. 한동안 소금 수레를 끌었던지라 몹시 지쳐 있습니다. 정성을 다해 여물을 주면 보름이면 회복될 테니 그때 다시 판단하셔도 늦지 않습니다."라고 말했다. 백락의 말에 초왕은 여전히 반신반의하였지만 한번 기다려보기로 했다.

초왕은 마부를 시켜 질 좋은 사료와 가장 좋은 마구간을 내주어 살뜰히 보살피게 했다. 과연 며칠이 지나니 말은 몰라보게 건장해졌다. 이를 본 초왕은 몹시 기뻐하며 곧바로 말에 올라 채찍을 휘두르자 말은 순간 백여 리를 달렸다고 한다. 훗날 초왕은 그 천리마를 타고 전쟁에서 승승장구하며 수많은 공적을 쌓아 이름을 떨쳤다. (전국책, 당(唐)한유의 잡설)

사자성어 백락상마(伯樂相馬)는 '백락이 말을 관찰하다'라는 뜻으로 지금은 인재를 잘 고른다는 의미로 사용된다.

결국 인재가 없는 것이 아니고 인재를 구별해 내는 백락이 없는 것은 아닌지, 인재를 관리하는 시스템이 없는 것은 아닌지 고민할 필요가 있다.

미국의 대통령 프랭크린 루스벨트(Franklin Roosevelt)는 "가장 훌륭한 리더는 자신이 바라는 일을 맡길 적임자를 고르는 감각이 있으며, 그들이 그 일을 하는 동안 간섭하지 않을 수 있는 자제력을 가진 사람이다."고 했다. (나가마쓰 시게히사 저, 김윤수 역, 왜 나는 이 사람을 따르는가, 다산3.0, 2016년)

그렇다면 똑똑한 사람만을 뽑아야 할 것인가?

알브레히트법칙(Albrecht's Rule)이라는 말이 있다. 이는 똑똑한 사람들만 모아 놓은 조직은 집단적으로 우둔해진다는 내용으로 세계적인 명성을 얻고 있는 독일 출신의 경영 컨설턴트이자 미래학자인 칼 알브레히트(Albrecht)가 그의 책 '똑똑한 사람들의 멍청한 회사 멍청한 사람들의 똑똑한 회사'에서 주창한 내용이다. (칼 알브레히트 저, 심재관 역, 똑똑한 사람들의 멍청한 회사 멍청한 사람들의 똑똑한 회사, 한스컨텐츠, 2006년)

실제로 일본장기신용은행은 일본에서 명문대학 졸업자만을 채용하기로 유명했는데 위기가 닥치자 금융기관 중 가장 먼저 어려워졌다. 이 법칙이 시사하는 것은 조직의 집단적 우둔함을 막기 위해서는 효과적인 리더십이 필요하다는 것이다. 어떤 과업을 달성하는 데 있어 조직 내 인력의 모든 두뇌 역량이 총동원될 수 있도록 리더십을 발휘하는 능력이 필요하다는 것이다.

사우스웨스트 항공사(Southwest Airlines)는 "우리가 찾는 사람은 뛰어난 사람이나 훌륭한 사람이 아니다. 단지 이 일을 하기에 적합한 기질을 가진 사람을 찾는 것뿐이다. 따라서 우리는 태도를 보고 채용한다(Hire for Attitude). 스킬은 훈련으로 된다(Train for Skill). 태도는 사소한 것이지만 그것이 만드는 차이는 크다. 즉 어떤 마음을 가지느냐는 어떤 일을 하느냐 보다 더 큰 가치를 만들 수 있다."고 채용 방침을 밝히고 있다. (전성철 외, 가치관 경영, 쌤앤파커스, 2011년)

순자(荀子) 권학편(勸學篇)에는 천리마는 하루에 천리를 가지만 노마라도 열 번 달리면 이에 미칠 수 있다(夫驥一日而千里, 駑馬十駕則亦及之矣)고 하여 보통 사람을 잘 활용하는 것에 대해 설명하고 있다.

인재의 채용도 중요하지만 채용 후 관리 또한 중요하다. 시간이 지나면 부패하는 음식이 있고 시간이 지나면 발효되는 음식이 있다. 인간도 마찬가지다. 시간이 지나면 부패되는 인간이 있고 시간이 지나면 발효되는 인간이 있다.

영국의 육군과 해군의 리더는 태도가 전혀 다르다. 육군의 리더는 부하와 함께 작업하지만 해군의 리더는 부하에게 작업을 시키고 자신은 관리 감독만 한다. 표면적으로 보면 해군의 리더가 불성실하다고 생각할 수 있다. 사실 이는 리더의 차이라기보다 병사의 차이다. 육군 병사는 리더가 솔선수범하지 않으면 불평을 늘어놓으며 일을 하지 않는다. 하지만 해군의 병사는 리더가 도와주지 않아도 불평하나 없이 리더의 지휘를 따른다.

그 이유는 영국의 육군은 징병 조직인데 반해 해군은 모병제로 운영되는 자발적인 조직이기 때문이다

3. 일류의 인재를 모으는 것이 아니라 지금 있는 사람을 일류로 만든다

농구 감독 존 우든(John Wooden)은 "늘 배우는 자세를 잃지 마라. 지식이란 절대로 고정되거나 완결된 것이 아니다. 배우기를 끝내면 리더로서의 생명도 끝난다. 리더는 결코 자신의 능력과 지식수준에 만족해서는 안 된다."고 하였다. 존 우든은 이러한 자세로 인재를 모으는 것도 중요하지만 지금 있는 사람을 일류로 만들고자 하였다. (존 우든, 스티브 제이미슨 공저, 장치혁 역, 88연승의 비밀, 클라우드 나인, 2014년)

메이저리그 구단 경영의 선구자인 브랜치 리키(Branch Rickey)는 1920년대에 '팜(Farm·육성) 시스템'을 처음으로 도입한 감독 겸 사장이었다. 그는 "운은 계획에서 비롯된다"는 명언을 남겼다.

스카우트 비용을 줄이고 유망주 관리를 체계적으로 한 리키의 혁신 덕분에 세인트루이스는 팜 시스템을 시작한지 5년 만인 1926년 월드시리즈(WS)에서 우승했다. 이후 1931년과 1934년 WS도 품에 안으며 전성기를 열었다. 90여 년의 시간이 흘렀지만 세인트루이스는 아직도 팜이 가장 강한 팀 중 하나다. 리키는 구단 경영자로 1967년 명예의 전당

(HOF)에 올랐고, 1992년부터 그를 기리기 위한 '브랜치리키상(Branch Rickey Award)'이 제정됐다. (중앙일보, 2014년 1월 22일)

공병호는 '공병호의 사장학'에서 중소기업의 경우 일류 인재를 뽑았다고 해도 웬만큼 일할 수 있을 정도가 되면 나가버리는 문제를 지적하고 있다. 이 책에서는 양지실업을 경영한 장석주 회장이 일류 인재를 뽑았다가 실패한 경험을 살려 나름대로 터득한 인사원칙을 소개하고 있다. 장 회장은 직원들이 갖추어야 할 조건으로 다음의 다섯 가지를 들고 있다.

첫째, 성실하고 정직한 인성을 가진 사람, 둘째, 성장가능성이 엿보이는 사람, 셋째, 타인에게 호감을 주고 원만한 대인관계를 할 수 있는 사람, 넷째, 인내심과 지구력이 강하고 일에 대한 열정과 책임감을 가진 사람, 다섯째, 열심히 하려는 마음을 가지고 오랫동안 근무할 수 있는 사람이다. 그리고 이번 회사를 타사로 옮겨가기 위한 환승역이나 간이역쯤으로 여기는 사람이나 끈기가 부족하여 자주 이직할 수 있는 사람은 특별히 구별해야 한다고 강조한다. (공병호, 공병호의 사장학, 해냄출판사, 2017년)

4. 외부 인재를 어떻게 활용할 것인가

사마천((史馬遷)의 '사기(史記)' 이사열전(李斯列傳)에는 "태산은 흙덩이를 사양하지 않아 거대함을 이루었고 하해는 가는 물줄기를 사양하지 않아 깊음을 이루었다(泰山不辭土壤 故 能成其大, 河海不擇細流 故 能就其深).”라는 내용이 있다.

진시황(秦始皇) 시절, 초나라 출신인 이사가 진시황의 신임을 받아 출세하다가, 노애(嫪毐)의 난으로 인한 후폭풍으로 진의 왕족과 기존 고관들 사이에서는 여불위와 그 밑에서 있다가 관료로 출세한 타국 출신 식객들을 국외로 추방하자는 여론이 일게 되었다. 이에 진왕정은 '축객령(逐客令)'을 내려 타국에서 온 자들을 쫓아내려 하는데 이사가 이를 반박하면서 이른 바 '간축객서(諫逐客書)'를 올렸다.

이 고사성어는 여기서 나온 내용이다. 쉽게 말해 진나라 출신이냐 아니냐를 따져서는 인재를 얻지 못하고 천하통일의 대업도 이루지 못한다는 의미를 강조했다고 볼 수 있다. 오늘날에는 "모든 사람을 끌어안고 가야 큰일을 이룰 수 있다"라는 교훈을 강조하기 위해 종종 인용되곤 한다.

전 세계 프로스포츠의 외국인 선수 제도를 살펴보면 외부 인재 확보의 중요성을 이해할 수 있다. 축구 본고장인 유럽과 야구 종가 미국도 전 세계 각지에서 모여든 외국인 선수들이 리그를 점령하고 있다. 세계 축구의 양대 리그로 꼽히는 잉글랜드와 스페인 프로축구는 외국인 선수들이 활개를 치고 있다. 세계 최고의 선수로 꼽히는 FC바르셀로나의 리오넬 메시(Lionel Andrés Messi Cuccittini)와 레알 마드리드에서 이탈리아 유벤투스FC로 이적한 크리스티아누 호날두(Cristiano Ronaldo dos Santos Aveiro)는 스페인과 이탈리아 프로축구 리그를 이끄는 스타 선수들이지만 아르헨티나와 포르투갈 출신의 외국인이다. 잉글랜드 프리미어리그

득점 선두를 다투었던 스완지시티의 미구엘 미추(Miguel Michu Pérez Cuesta)와 맨체스터 유나이티드의 로빈 판 페르시(Robin Van Persie) 역시 스페인과 네덜란드 출신의 이방인이다.

미국 프로야구 메이저리그 역시 마찬가지다. 프로스포츠 시장이 글로벌화되면서 국경이 무의해지고 있다. 유럽 축구나 메이저리그는 한국뿐 아니라 중남미, 일본 등 폭넓은 외국 출신 선수들의 집합소, 인종 전시장이나 다름없다.

인재를 확보하기 위해 기업을 인수하는 경우도 있다. '어크하이어(Acq-hire)'는 단체로 인재를 채용하는 기법이다. 어크하이어는 '인수, 합병'을 의미하는 Acquire와 '채용'을 의미하는 Hire의 합성어이다. 형식 상 M&A처럼 이뤄지는 이러한 인재영입의 경우, 실제로는 그 사업을 인수하려는 것이 아닌, 기업에 소속된 인재들을 영입하는 것에 목적을 두고 있다. 따라서 피인수 대상 회사는 합병 이후에 기존 사업 영역은 포기하거나 일부의 핵심 기술만 인수회사에 승계하고 인수 회사에 준비된 새로운 사업부 등에 편입되어 혁신 업무를 맡는 경우가 많다.

페이스북(Facebook)의 창업자인 마크 저커버그(Mark Zuckerberg)는 지난 2009년 '프렌드피드(Friendfeed)'라는 회사를 인수하면서 인재 확보에 대한 그의 철학을 보여주었다. 프렌드피드는 2007년 전직 구글 직원 4명이 창업한 회사로, 인터넷 이용자가 웹상에서 활동한 정보를 모아 실시간으로 자신의 상황을 업데이트하는 서비스를 제공했다. 이 기술은 사용자가 지인들의 SNS 활동을 쉽게 파악할 수 있어, 기술적 측면에서도 페이스북에 유용하게 활용 될 것이라 기대했다.

하지만 저커버그는 이 인수 건이 "창업자 브렛 테일러(Bret Taylor)를 영입하기 위한 인수였다."라고 공식적으로 밝혀, 프렌드피드의 인수 목적이 프렌드피드가 보유한 기술력에 있지 않음을 시사했다. 실제로 저커버그는 프렌드피드 인수 후 테일러를 CTO(Chief Technology Officer, 최고 기술 책임자)로 임명했다.

마찬가지로 2011년, 또 다른 스타트업인 Drop.io를 인수할 때도 창업자인 샘 레신(Sam Lessin)의 영입을 목표로 하였으며, 페이스북은 현재도 수많은 우량 스타트업을 관찰하고 훌륭한 인재를 영입하기 위해 어크하이어를 적극적으로 활용하고 있다.

구글(Google LLC) 역시 어크하이어를 활발히 활용하는 기업으로 유명하다. 물론 기업인수 건이 너무 많고 대부분 일반에 공개하지 않아 정확한 수를 파악할 수는 없지만, 실리콘밸리의 기술기업 위주로 인재영입을 시도하고 있다. 대표적으로 2012년, 웹 기반 통합 메신저 서비스기업인 미보(Meebo)를 1억 달러에 인수한 케이스를 들 수 있다.

미보의 서비스는 하나의 웹사이트에서 MSN, 야후, 페이스북 메신저를 동시에 사용할 수 있는 플랫폼 비즈니스였고, 사용이 편리해 유저들에게 인기가 높았다. 하지만 구글은 미보 인수 후 직원들을 자사의 '구글플러스 팀'에 배속하고, 기존의 미보 서비스를 중단하여 기존 유저들의 원성을 샀다. 이는 어크하이어가 인재 확보를 위해 빠르고 효과적인 방법이지만 피인수 기업의 서비스를 중단하는 과정에서 어떻게 접근해야 하는지 시사점을 남기는 사례이기도 하다.

국내 기업의 어크하이어 사례 중에서는 네이버 사례가 가장 잘 알려져 있다. 특히 2006년 인수한 '첫눈'의 경우 인수 당시 많은 화제를 낳았다. 첫눈은 당시 업계에 잘 알려진 IT 고수들이 모여 설립한 벤처기업으로 네이버가 독식하고 있는 검색 업계에 새롭게 떠오른 신흥 강호였다. 이런 첫눈이 제대로 된 검색 서비스를 런칭하기 전에 네이버에 의해 인수됐다. 이를 두고 경쟁업계를 견제하기 위한 인수였다는 시각도 있지만, 그보다는 첫눈에 집중된 우수한 인재풀을 노렸다는 해석이 우세하다. 실제로 네이버는 첫눈의 인수 후 개발 중이던 검색엔진 서비스 개발을 이어가지 않고 첫눈 대표인 신중호 씨를 필두로 일본 시장에 진출하여 '라인' 런칭에 착수한다. 처음부터 네이버의 첫눈 인수 목표는 우수한 인적 자원이었던 셈이다.

아직 어크하이어는 실리콘밸리의 IT 산업에 집중되는 경향이 있다. 대부분 IT 기업의 경우 대규모 생산설비가 필요하지 않기 때문에 인수 비용이 크지 않다. 즉, 부가가치를 창출하는데 있어서 자본보다 인력의 중요성이 큰 분야라는 의미이다. (프롬에이, https://froma.co.kr/270)

회사를 운영하면서 내부에서 인재를 육성해야 하느냐, 외부에서 잘 하는 사람을 데려와야 하느냐는 사장들에게 늘 중요한 과제이다. 외부인재만 중시하다보면 내부에서 불만이 발생할 수도 있다.

가계야치(家鷄野雉)란 말은 중국 진(晉)나라 '진중여서(晉中與書)'에 전해 오는 고사성어인데, 흔한 것을 멀리하고 진귀한 것을 중히 여기다, 또는 남의 것이 좋아 보인다는 의미이다.

진(晉)나라에 유익(庾翼)이라는 사람이 있었다. 그는 서법이 뛰어나 왕희지(王羲之)와 견줄만하다는 평을 받고 있었다. 그의 서법을 배우고자 하는 사람들이 전국에서 찾아왔다. 유익은 정성껏 그들을 가르쳤다. 그러나 정작 그의 집안사람들은 당시 유행하던 왕희지의 서법을 배웠다. 유익은 마음이 많이 상했다.

고민하던 그는 지인에게 편지를 하여 자신의 답답한 심경을 토로했다. "아이들이 집안의 닭은 천하게 여기고 들판의 꿩만 귀하게 여겨(家鷄野雉) 모두 왕희지의 서법을 배우고 있으니, 한탄스러울 따름입니다." 가계야치는 '집안에서 가르는 닭과 산의 꿩'이란 뜻으로, 이때부터 '자기 집의 것은 하찮게 여기고 남의 집 것만 좋게 여긴다'는 의미로 쓰이기 시작했다.

회사를 운영할 때에도 우선 가까운 사람들을 만족시켜야 한다. 먼저 내부에서 인재를 찾아야한다는 것이다. '논어(論語)' 자로편(子路篇)에서는 "나라를 다스리는 데는 먼저 가까이 있는 자가 만족하도록 힘써야 한다. 가까이 있는 자가 기뻐하면 먼 곳에 있는 자는 스스로 모여 들어 복종할 것이다."라고 설파하고 있다. (논어, 자로편)

5. 역할 변경으로 대박난 선수가 많다

　스포츠 세계에서는 팀 변경, 포지션 변경으로 대박 난 선수들이 적지 않다. 사람은 어떻게 쓰이느냐에 따라 능력을 발휘하기도, 그렇지 못하기도 한다는 것이다. 회사에서도 전문직 등 일부 업무를 제외하고 적절한 기간을 두고 직원의 업무를 바꾸는 것이 필요하다.

　스포츠 세계에서도 포지션 변경으로 성공한 경우가 적지 않다. 차두리는 공격수였지만, 축구선수의 전성기라는 27살에 그는 골을 못 넣는 공격수가 되어 있었다. 자신이 가장 잘할 수 있는 것을 놓치고 있었다. 빠른 스피드와 신체조건이라는 강점에 집중해 수비수로 전향했고, 이후 '차미네이터'라는 별명을 얻으며 환상적인 풀백으로 활약했다. 이는 '내가 하고 싶은 것보다 잘할 수 있는 것에 집중하는 것'의 중요성을 보여주는 사례이다.

　차두리뿐만 아니라 많은 선수들이 포지션을 변경하면서 빛을 보는 경우가 종종 있다. 차두리처럼 본인의 깨달음으로 변경을 하면서 잠재력을 발휘하는 경우도 있고, 감독의 권유로 변경하는 선수들도 많다. 어떤 선수들이 자신이 '잘할 수 있는 것'에 집중하여 잠재력을 터트릴 수 있었을까?

　티에리 앙리(Thierry Daniel Henry)는 윙어에서 스트라이커로 전향해서 성공했다. 1994년 AS모나코에서 앙리는 왼쪽 윙어로 데뷔했다 윙어

앙리는 생각보다 파괴력이 좋지 않았다. 앙리의 잠재력은 아스날로 이적한 뒤 꽃을 피우기 시작한다. 모나코 시절부터 앙리의 재능을 알아봤던 벵거는 그에게 스트라이커 자리를 권유했다. 이후 엄청난 파괴력을 보여주며 아스날과 프랑스의 보물이 되었다. (오마이뉴스, 포지션 변경으로 대박 난 선수들 2017년 3월 31일)

기업 현장에서는 사내공모제도가 많이 활용된다. 사내공모제도란 기업이 신규 사업으로 진출하기 위하여 사내에서 널리 인재를 모집하는 제도이다.

그 목적은 사내의 기존의 서열을 무시하고 의욕 있는 인재를 발굴하여 직장의 사기를 높이고 사내를 활성화하는 데 있다. 각자는 자신의 승진·승격에 우선권과 권한을 가질 수 있으며 사원의 자기개발을 촉진하는 효과가 있다.

단지 모집한 인재가 한편으로 편중되거나, 종래의 인사 관행이나 조직의 질서를 무너뜨릴 위험도 있어 공모의 방법이나 인재 평가제도의 확립 및 비밀유지 등이 필요하다.

6. 무임승차자를 어떻게 할 것인가

'남우충수(濫□充數)'는 많은 사람들 속에 섞여 자신의 무능함을 감쪽같이 속인 자에 관한 이야기다.

옛날 제(齊)나라 선왕(宣王)은 피리 합주(合奏)를 대단히 좋아해서 매번 삼백 명의 악사들을 모아 한꺼번에 연주하게 했다. 그런데 처사 남곽(南郭)이란 자가 선왕을 위해 피리를 불겠다고 청해왔다. 선왕은 기뻐하며 다른 연주자들과 함께 피리를 불게 했다. 선왕이 죽은 뒤, 민왕(湣王)이 왕위에 올랐다. 민왕도 피리소리를 즐겼지만 선왕과는 달리 일일이 독주(獨奏)를 시키고 천천히 감상하는 걸 좋아했다. 남곽은 그런 상황이 닥치자 몰래 줄행랑을 쳤다. 그는 본래 피리를 불줄 몰랐던 것이다.

 오늘날 남우충수의 고사는 능력도 없으면서 사람들 틈에 끼어 숫자만 채우는 사람을 비유할 때 거론된다. 남곽은 오랜 세월에 걸쳐 사람들의 풍자의 대상이 되었다.

 이 이야기가 자주 회자되는 것은 남곽을 꾸짖기 위해서가 아니다. 선왕의 무분별한 인재등용을 비판하기 위해서다. 선왕은 자신이 피리를 잘 분다는 남곽의 허풍만 믿고 중책을 맡겼다. 그래서 정말 피리를 잘 부는 자와 불 줄 모르는 자가 한데 뒤섞이는 결과를 초래했다.

 군주가 어리석은 자와 지혜로운 자를 똑같이 취급하면 어리석은 자는 우쭐댈 것이며 지혜로운 자는 불만을 품을 것이다. 이런 상황이 계속되면 양자 사이에 갈등이 일어나 군주의 평안을 해치게 된다.

 남우충수는 통치자를 위한 좋은 교훈이다. 이 고사는 통치자가 대신들을 관찰할 때, 그들의 말과 행동을 주의 깊게 살펴야 함을 알려준다. 겉모습만 보거나 첫인상에 얽매이면 실수를 범하게 된다. 대신들의 말과 행동을 살피는 일은 통치자 혼자 진행하고 그들에게 실제 능력을 보이게 함으로써 속임수의 여지를 주지 않는 게 가장 좋다. 그러면 통치자는 기만당할 일이 없으며 정말 능력 있는 인재를 뽑아 서로 한마음 한뜻으로 일할 수 있다.

매사에 검증을 게을리 해서는 안 된다. 어떤 일을 판단 할 때 우리는 다수의 의견을 따르기 쉽다. 그래서 본래 얼토당토않은 일이라도 열 명만 미심쩍어하고 백 명은 진실이라고 믿으면 어떻게 판단할지 혼란에 빠지게 된다. 말주변 없는 사람의 말을 옳은 경우에도 의심을 받지만 달변가의 말은 거짓이라도 믿음을 얻는다. 하지만 말의 진위는 듣기에 좋고 나쁜 것과는 아무 상관이 없다.

간사한 자는 통치권자에게서 이익을 빼내려고 대중의 여론을 이용한다. 그리고 교묘한 언변과 자신의 간사한 행위와 비슷한 다른 행위로 스스로를 꾸민다. 이에 대응하여 통치자는 종합적으로 관찰하는 한편, 진실과 거짓, 옳고 그름, 명분과 실질을 세밀하게 분별해야 한다. 그렇지 않으면 신하들의 농락거리가 되어 자신의 권세도 그들이 저지르는 간사한 행위의 도구로 빼앗기게 된다.

현명한 통치자라면 신하의 말을 듣고 그 말이 과연 유용한지 살펴야 하고, 또한 그가 자신의 말을 실행한 뒤에는 그 공과(功過)를 평가해 상벌을 내려야 한다. 그렇게 하면 조정안에서 허무맹랑한 말이 사라지고, 능력 없는 관리들은 알아서 자신이 과연 유용한지 살피게 된다. 또한 그가 자신의 말을 실행한 뒤에는 그 공과를 평가해 상을 내놓을 것이다.

간신들이 내뱉는 허풍도 문제 될 게 없다. 통치자가 말과 실질의 일치를 중시하면 간사한 말은 마각을 드러내기 마련이다. 그렇게 되면 간신들은 책임을 피할 수 없다. 특별한 이유가 없이 말과 행동이 일치하지 않는 경우도 거짓말을 한 셈이 되므로 반드시 말한 자의 죄를 다스려야 한다.

간교한 말은 대부분 화려한 겉모습을 갖고 있다. 본래 충언(忠言)이 아닌데도 충언이라고 하며, 탁견(卓見)이 아닌데도 탁견이라고 한다. 따라서 통치자는 자기감정에 관계없이 세밀한 부분까지 관찰하여 충신과 간신을 구별해야만 한다.

당연히 통치자는 신하들에게 어떻게 하든 좋다는 애매한 태도를 용납해서는 안 된다. 그러면 그들은 통치자에게 아첨하고 죄를 모면하려 한다. 통치자가 그들에게 하나의 의견만 밝히게 하고 그 내용을 검사받은 뒤에 실행하게 하면 간신은 설 자리를 잃게 될 것이다. 이것이 치인(治人)의 길이다. (한비자 저, 김원중 역, 한비자, 휴머니스트, 2016년)

무임승차자들은 사회적 태만이라는 인간의 성향과 깊은 관계가 있다. 사회적 태만이란 혼자 일할 때보다 여럿이 같이 일할 때 노력을 덜 하는 사람들의 성향을 일컫는다.

막시밀리앙 링겔만(Maximilien Ringelman)이라는 프랑스 엔지니어가 처음 발견한 것으로 알려진 링겔만 효과(Ringelmann Effect)는 줄다리기에서 그룹 인원이 많아질수록 개인의 기여도가 하락하는 사회적 태만을 의미한다. 링겔만은 말들의 능력을 연구하다가 두 마리의 말이 끄는 마차의 힘이 한 마리의 말이 끄는 힘의 두 배가 되지 못한다는 점을 발견하고는 사람들도 그런지 궁금해 했다. 링겔만은 여러 명의 남자들에게 하나의 밧줄을 끌게 하고는 그 힘을 측정했다. 그 결과 두 명이 같이 밧줄을 끌 때 한 사람이 발휘하는 힘은 혼자서 끌 때의 93%에 불과하며, 세 명이 끌 때는 83%, 여덟 명이 끌 때에는 49%의 힘밖에 사용하지 않는다는 사실을 발견했다. 사람들은 자기도 모르게 다른 사람들과 같이 일할 때 자기가 가진 힘을 다 쓰지 않는다는 사실이 증명된 것이다. (이영직, 행동 뒤에 숨은 심리학, 스마트비즈니스, 2018년)

사회적 태만을 막는 방법은 없을까? 실험에서 보았듯 사회적 태만은 집단 속에서 개인의 기여도를 측정할 수 없을 때 발생한다. 따라서 사회적 태만을 막으려면 성과평가 시 개인별로 기여도를 측정할 수 있는 시스템을 갖춰야 한다. 승진과 보상체계에서도 개인별 성과에 따라 개인별로 다른 인센티브를 줄 수 있는 제도를 만들면 무임승차자들의 출현은 어느 정도 방지할 수 있다.

다만 개인별 인센티브가 무조건 정답이라는 말은 아니다. 특히 개인 간, 부서 간 이기주의가 팽배해 협력이 잘 이뤄지지 않는 기업에서는 부서나 회사 전체의 이익으로 보상을 제공하는 집단 인센티브 제도가 조직 문화를 변화시키는 데 효과적이다. 중요한 것은 부서 이기주의든, 사회적 태만이든 기업의 상황과 조직원들의 특성을 충분히 이해하고 선택하는 것이다.

7. 사람을 꿰뚫어 보는 능력을 키우자

'논어(論語)' 위정(爲政)을 보면 공자(孔子)가 사람을 꿰뚫어 보는 방법을 알 수 있다. 공자는 "그 사람이 하는 것을 보고, 그 동기를 살펴보고, 그가 평안하게 여기는 것을 관찰해보아라. 사람이 어떻게 자신을 숨기겠는가(視其所以 觀其所由 察其所安 人焉瘦哉 人焉瘦哉)?"라고 말한다.

여기서 사람을 보는 세 가지 핵심적인 단어는 시(視)와 관(觀), 그리고 찰(察)이다. 시는 눈에 보이는 대로 보는 단계이고, 관은 보다 자세히 살펴보는 것이며, 찰은 깊이 헤아려 관찰하는 것이다. 이렇게 할 때 '사람들은 자신의 본 모습을 숨길 수 없다'고 공자는 강조하고 있다.

'맹자(孟子)' 이루상(離婁上)에도 사람을 보는 방법이 실려 있다. 여기에서는 "그의 말을 들어보고, 그의 눈동자를 관찰한다면 사람들이 어떻게 자신을 숨기겠는가(聽其言也 觀其眸子 人焉瘦哉)?"라고 말한다.
공자가 사람들의 행동거지에 중점을 뒀다면 맹자는 사람들의 말과 눈동자에 집중했다. '눈은 마음의 창'이라는 말이 있듯이, 맹자는 사람들 눈동자의 움직임을 보고 그 사람의 본뜻을 꿰뚫어 본 것이다.

방법에는 미묘한 차이가 있지만 공자와 맹자, 고대의 현자 두 사람이 공통적으로 중요시한 것은 바로 '관찰'이다. 사람을 유심히 관찰하면 그의 본 모습과 의중을 알게 된다는 것이다.

관찰은 사람의 의중을 정확하게 꿰뚫어 보는 가장 좋은 방법이지만 세상의 원리도 마찬가지다. 주변에서 접하는 일상의 일들은 물론 세상에서 일어나는 여러 가지를 보면 그 이면에 숨겨진 진실과 앞으로 일어날 일을 예견하는 능력을 갖게 된다.

중국 진(秦)나라의 재상 여불위(呂不韋)가 편찬한 책 '여씨춘추(呂氏春秋)'에서는 선견지명을 가진 사람들의 능력은 관찰하는 힘에서 비롯된다고 설명한다. 눈앞에 보이는 사람이나 사물들의 의지(意志)와 징조(徵兆), 그리고 표상(表象)을 잘 관찰하면 앞으로 일어날 일들을 미리 볼 수 있다는 것이다. 평범한 사람들은 똑같은 것을 보면서도 그것을 알 수 있는 능력에 이르지 못하기 때문에 그들의 능력을 신통하게 여기거나 단지 요행으로 돌리고 마는 것이다. (조윤제, 우아한 승부사, Book21 Publishing Group, 2019년)₩

20세기 현대경영학의 아버지로 불리는 피터 드러커(Peter Drucker)는 탁월한 예견능력으로도 유명했다. 그는 자신의 예지력과 통찰력은 관찰하는 능력에서 비롯된다고 자서전 '방관자의 모험(Adventures of a Bystander)'에서 밝혔다. "나는 예언을 한 적이 없다. 나는 단지 창밖을 내다보고 눈에 띄는 것을 바라볼 뿐이다. 아직은 남들의 눈에는 분명하지 않은 것들을 말이다." (피터 드러커 저, 이동현 역, 피터 드러커 자서전, 한국경제신문사, 2005년)

이 말에서 우리는 피터 드러커의 통찰력을 얻기 위해 필요한 힌트를 찾을 수 있다. 바로 세상의 일들을 유심히 관찰하고, 직접 관여하기보다는 한걸음 물러서서 객관적인 시각으로 바라보며, 호기심을 가지고 주변과 세상의 일들에 관심을 가지는 것이다.

급격한 변화와 첨단기술의 시대이다. 하지만 옛날과 마찬가지로 오늘날에도 리더에게 필요한 능력은 변함이 없다. 바로 사람을 쓰는 능력과 현 상황을 읽고 미래에 대처하는 능력이다. 그것을 가능하게 하는 것이 바로 관찰의 능력이다. 사람과 주변, 그리고 세상의 변화를 유심히 읽고, 나의 관점에 갇히지 말고 객관적으로 판단하며, 현상에 숨겨져 있는 진실을 깊이 생각하는 습관을 가진다면 조직을 이끄는 리더로서의 자격이 갖춰졌다고 할 것이다. (조윤제, 천 년의 내공, 청림출판, 2016년)

8. 인재육성에는 시간이 걸린다

옛말에 양병십년 용병일일(養兵十年 用兵一日)이란 말이 있다. 병사를 키우는 데는 10년이 걸리지만 병사를 사용하는 데는 하루밖에 걸리지 않는다는 의미이다. 다른 말로 하면 하루를 쓰기 위하여 10년을 준비한다는 뜻이다. 하루를 쓰기 위한 10년의 준비는 헛된 것이 아니다.

영국의 윔블던 테니스장은 1년에 2주간을 사용하기 위하여 1년 내내 준비하고 가꾼다. 책임을 맡은 매니저는 한 해 동안 꾸준히 잔디를 관리하며 2주간의 대회를 기다리는 것을 보람으로 여긴다. 그가 하는 일은 준비하는 일이다.

　세계적인 명지휘자 토스카니니(Arturo Toscanini)는 원래 첼로 연주자였다. 불행하게도 그는 아주 심한 근시여서 잘 보지 못 했다. 토스카니니는 관현악단의 일원으로 연주할 때마다 앞에 놓인 악보를 볼 수 없기 때문에 늘 미리 외워서 연주회에 나가곤 했다.
　그런데 한 번은 연주회 직전에 지휘자가 갑자기 병원에 입원하게 되었다. 그 많은 오케스트라의 단원 중에 곡을 전부 암기하여 외우고 있던 사람은 오직 토스카니니 뿐이었다. 그래서 그가 임시 지휘자로 발탁되어 지휘대 위에 서게 되었다. 그때 그의 나이가 19세였다. 바야흐로 세계적인 지휘자 토스카니니가 탄생하는 순간이었다.

　준비된 자에게 늘 새로운 기회는 온다. 미래를 위해 눈물로 준비하는 자는 분명히 그에게 좋은 일이 일어난다.

　당(唐)나라 때 가도(賈島)의 시 '검객(劍客)에는 "십 년간 칼을 갈았으나 서리 같은 칼날을 아직 시험해보지 못했다(十年磨一劍 霜刃未曾試)."라는 구절이 나온다.

　삶에서 이루고 싶은 일이 있다면 묵묵히 칼을 가는 시간이 있어야 한다. 고기를 다듬는 작은 일에 오래도록 칼을 갈 필요는 없다. 하지만 원대한 꿈을 이루기 위해서는 그 꿈에 부끄럽지 않을 만큼 오랜 시간 담금질을 감내해야 한다. 그렇게 축적한 시간의 결을 일컬어 내공이라고 한다. 예부터 군주가 장군에게 칼을 내린다는 것은 확고한 믿음으로 모든 권한을 일임한다는 뜻이다. 시의 다음 구절 "오늘 이 칼을 그대에게 주노니 그 누가 공평치 못한 일을 하리오"와 함께 이 말을 해준다면 사람의 마음을 크게 움직일 수 있을 것이다.

마오쩌둥은 1954년 3월 항저우(杭州)에 있는 모간산(莫干山)의 경치를 구경하면서 "십 년간 칼을 갈았으나 서리 같은 칼날을 아직 시험해보지 못했다"라는 구절을 읊었다. 그리고 승자가 되었다. (조윤제, 천 년의 내공, 청림출판, 2016년)

9. 리더는 유연성을 갖고
　자기 자신을 갈고 닦아야 한다

'백 번째 원숭이 현상'이라는 이론이 있다. 원숭이 집단에서 새로운 방식의 생활형태가 나타나면 그것이 일정한 숫자, 즉 100마리를 넘길 경우 다른 장소의 집단에도 이런 방식이 나타난다는 이론이다. 다시 말해, 어떤 행동 유형이 임계치를 넘어서는 순간 급작스럽게 개체들 사이에 널리 퍼지는 현상을 가리킨다.

1952년, 일본 미야자키현 구시마시의 고시마섬에서 살던 원숭이들을 연구하던 교토대학 학자들이 평소처럼 인근 농가에서 고구마를 사다가 원숭이들에게 먹이를 주면서 연구를 했는데, 어느 날 우연히 어린 암컷 원숭이가 해변에 놓인 고구마를 가지고 고구마에 묻은 흙을 바닷물에 씻어 먹는 방법을 알아냈다. 이것이 다른 원숭이들에게도 퍼지기 시작했고 씻어 먹는 습관이 100여 마리의 원숭이에게 퍼지자 고시마섬뿐만 아니라 멀리 떨어진 오이타현 타카사키산에 살던 원숭이들에게도 퍼졌다고 한다.

이 현상을 카와이 마사오(河合 雅雄)라는 일본 학자가 논문으로 발표했고, 우연히 이 논문을 보게 된 미국의 과학자 라이얼 왓슨(Lyall Watson)이 1979년에 발표한 자신의 저서 '생명의 조류'에서 백 번째 원숭이 현상이라고 이름을 명명하여 세계적으로 널리 알려지게 되었다.

1981년에는 켄 키이스 주니어(Ken Keyes)라는 학자가 '백 번째 원숭이'라는 저서로 이 이론을 더욱 발전시켰다. 일본에서는 후나이 유키오(船井 幸雄)가 '백 번째 원숭이 - 생각이 세계를 바꾼다'라는 저서를 통해 이를 인간에게도 적용할 수 있다는 것을 보여 주었다.

고시마 섬에서 최초로 고구마를 바닷물에 씻어 먹은 원숭이는 생후 2년도 안된 어린 원숭이 '이모'였으며 수년이 지나도 끝내 따라 하지 않은 원숭이는 12년이 넘은 늙은 수컷 원숭이들이었다. 이를 조직에 대입해보면, 근속연수가 길고 경험이 많은 전문가일수록 새로운 변화를 거부한다는 의미다.

학교 때가 묻어 있는 신입직원들의 조금은 황당하고 괴짜 같은 아이디어를 기존 구성원들이나 사장은 잘 관리해야 한다. 그렇지 않으면 이모 같은 직원들은 변화를 싫어하는 상사의 말 한 마디에 흙 묻은 고구마를 씻어먹기 보다는 기존처럼 털어서 먹을 것이다. 처음으로 고구마를 물에 씻어 먹은 어린 원숭이 이모의 행동은 그저 일시적인 시도에 그칠 수도 있었지만 이모의 시도를 본 친구들이 함께 따라 하기 시작하면서 조직의 문화를 바꾸는 혁신으로 변화된 것이다. (아사미 호호코(浅見帆帆子), 권남희 역, 백 번째 원숭이를 움직인 생각, 이가서, 2004년)

티핑 포인트(Tipping Point)란 어떤 현상이 처음에는 아주 미미하게 진행되다 어느 순간 균형을 깨고 예기치 못한 일들이 폭발적으로 일어나는 시점을 말한다. 이 말은 역학(疫學)에서 따온 말로 바이러스가 병을 일으킬 만큼의 수에 다다르는 순간을 가리킨다. 이는 원래 노벨경제학상을 수상한 토머스 셰링(Thomas Schelling)의 '분리의 모델(1969)'이라는 논문에서 제시한 '티핑 이론'에 등장하는 개념이다. '갑자기 뒤집히는 점'이란 뜻으로 때로는 엄청난 변화가 작은 일들에서 시작될 수 있고 대단히 급속하게 발생할 수 있다는 의미로 사용된다. 이 용어는 말콤 글래드웰(Malcolm Gladwell)의 동명의 저서가 베스트셀러가 되면서 유명해졌다.

티핑 포인트는 마케팅에서도 널리 활용되고 있다. 말콤 글래드웰은 자신의 저서 '티핑 포인트'에서 '허시파피(Hush Puppies)'를 사례로 들어 설명한다.

허시파피는 거의 거들떠보지 않던 미국의 신발 브랜드로, 처분 위기에 놓여 있었다. 하지만 뉴욕 이스트빌리지에서 몇몇 히피 청소년들이 신고 다니는 것 같더니 한두 달이 지나지 않아 미국 전역으로 퍼져나갔다. 1993년 3만 켤레 정도밖에 판매되지 않았던 이 신발은 1994년 말 43만 켤레, 1995년 말 130만 켤레가 판매되면서 매출이 급상승했다. 글래드웰은 허시파피의 성공 이유에 대해 일부사람들이 허시파피를 선택했기 때문이며 그들을 통해 입소문이 났기 때문이라고 주장한다. (말콤 글래드웰 저, 임옥희 역, 티핑포인트, 21세기북스, 2004년)

유연성과 솔선수범에 대한 마하트마 간디(Mohandas Karamchand Gandhi)의 이야기가 있다. 어느 날 한 아주머니가 아이를 데리고 마하트마 간디를 찾아왔다. 그 아주머니는 설탕을 너무 좋아하는 아이에게 설탕의 나쁜 점을 말해 달라고 요청했다. 곰곰이 생각하던 간디는 지금은 곤란하니 한 달 후에 다시 오면 해주겠다고 했다. 한 달 후 간디는 아이에게 "설탕은 몸에 해롭다."라고 말했고, 아이는 앞으로 설탕을 안 먹기로 했다. 그 상황을 지켜본 사람이 왜 한 달 후에 답변을 해줬느냐고 묻자 간디는 "나도 한 달 전까지는 설탕을 끊지 못했거든."이라고 말했다. (유재훈, 학교 교육을 성공하게 하는 어린 시절 교육, 좋은 땅, 2019년)

이 이야기에서 우리는 리더십의 지혜를 배울 수 있다. 리더가 먼저 행동하고 모범을 보이면 많은 사람들이 그 행동에 영향을 받게 되는 것이다.

솔선수범과 관련해서 중국 주나라 태공망과 황석공(黃石公)의 저술로 전해지는 '육도삼략(六韜三略)'의 다음 내용은 야전교범(野戰敎範)에도 등장한다.

"장수는 병사들이 자리에 앉기 전에 앉지 말고, 식사하기 전에 식사하지 말라. 샘을 다 파기 전에 목마르다고 하지 말며, 막사가 준비되기 전에 피로하다고 하지 말고, 밥 짓기가 다 되기 전에 배고프다고 말하지 않아야 한다. 병사들의 막사에 불이 켜지기 전에 장수는 자기 막사에 불을 먼저 켜지 말라. 또한 장수는 겨울에 외투를 입지 않고, 여름에 부채를 쓰지 않으며, 비가 올 때도 우의를 입지 않는다. 그러할 때 병사는 죽도록 장수를 따른다." (하재철 역, 육도 삼략, 범우사, 2014년)

'논어(論語)' 헌문(憲問)에 나오는 수기안인(修己安人)은 제자가 군자에 대해 묻자 공자가 답한 말씀이다. "자기 몸을 닦음으로써 남을 편안하게 해야 한다. 자기 몸을 닦음으로써 백성을 편안하게 해야 한다. 백성을 편안하게 하는 것은 요순임금도 그것을 오히려 괴로워 하셨다(修己以安人 修己以安百姓 修己以安百姓 堯舜 其猶病諸)."

공자의 사상을 한마디로 요약하면 수기안인(修己安人)이다. 자기를 갈고 닦아서 남을 편안하게 하라는 것을 후세 학자들이 수기치인(修己治人)이라고 바꾸었다. 수기치인론을 가장 명쾌하게 설명한 것은 '대학(大學)'이다. '평천하(平天下) 하려면 치국(治國)해야 하고, 치국하려면 제가(齊

家)해야 하고, 제가하려면 수신(修身)해야 하고, 수신하려면 정심(正心)해야 하고, 정심하려면 성의(誠意)해야 하고, 성의하려면 치지(治知)해야 하고, 치지하려면 격물(格物)해야 한다.'는 것이다.

격물치지는 사물의 도리를 깊이 알아(格物) 올바른 지혜의 경지에 도달하는 것(致知)을 말한다. 실제 사물의 이치를 연구하여 지식을 완전하게 한다는 의미이다. 중국 사서(四書)의 하나인 대학(大學)에 나오는 말로 격물(格物), 치지(致知), 성의(誠意), 정심(正心), 수신(修身), 제가(齊家), 치국(治國), 평천하(平天下)의 8조목으로 된 내용 중, 처음 두 조목을 가리키는 것에서 유래되었다. (주희 저, 김미영 역, 대학 중용, 홍익출판사, 2015년)

정약용은 '목민심서'를 쓰면서 서문에서 '군자의 학문은 자신의 수양이 반이고 목민이 반이다'라고 서술했다. 수기가 되지 않은 목민관은 관직을 대민 봉사로 생각하지 않고 일신의 영달을 위한 자원으로 생각하게 된다. 그러면 지방 관원을 비롯해서 공직자들은 인민의 고혈을 짜내면서 자기 이익이 적다고 불평을 터뜨릴 것이다. 이처럼 공직자의 자기 수양을 위해서 부임(赴任), 율기(律己), 봉공(奉公), 애민(愛民) 등 12부분마다 각 6조의 지침을 제시했지만 정작 정약용 자신은 목민하고자 하는 마음은 있지만 실행할 수 없었기 때문에 목민심서를 지었던 것이다. 정약용이 걱정했던 것은 공자가 수기안인으로 말하고자 하는 내용과 같다고 할 수 있다. (한양원 편저, 정약용의 목민심서, 나무의 꿈, 2019년)

'군군(君君) 신신(臣臣) 부부(父父) 자자(子子)'는 '논어' 안연편에 나오는 말이다. 제나라의 임금인 경공(景公)이 정치에 대해 묻자 공자(孔子)가 한 대답이다. 풀이하면 "임금은 임금다워야 하고, 신하는 신하다워야 하며, 아비는 아비다워야 하고, 자식은 자식다워야 한다"이다. '君君'에서 앞의 君은 주어이고 뒤의 君은 술어이다. 즉 임금이 임금다워야 한다는 것이다. 임금과 신하, 아버지와 자식은 종속적인 관계가 아닌 서로 배려하고 존중하는 관계여야 한다는 의미로, 공자는 모든 사회적인 인간관계에서 정명을 이루는 것을 이상으로 여겼다. 이는 자기에게 주어진 직분에 최선을 다하고, 기본을 지키자는 의미로 받아들여진다.

업무 능력을 어떻게 키울 것인가?

- 사실과 상황을 분석하는 능력을 키워야 한다

- 결론부터 보고하는 습관을 가져라

- 문제를 단순화하라

- 기본을 익히되 기본에 집착하지 말라

- 디테일이 중요하다

- 중요한 메시지는 700번 이상 반복하라

- 결과를 내려면 의사결정을 빨리 해야 한다

- 보고를 받을 때는 사실과 핵심을 이해해야 한다

- 행동을 디자인하라

제3부

업무 능력을
어떻게 키울 것인가?

1. 사실과 상황을 분석하는 능력을 키워야 한다

피터 드러커(Peter Drucker)는 "측정할 수 없는 것은 관리할 수 없고 관리할 수 없는 것은 개선할 수 없다"고 하였다. 다양한 현장 경험을 쌓다 보면 사실 관계를 파악할 수 있고, 상대방의 의중을 헤아릴 수 있고, 그때 그때의 상황을 정확하게 파악해 최선의 방법을 구사할 수 있다. 공을 잘 차는 사람은 공을 보지 않고도 다양한 기술을 구사해 공을 찰 수 있다. 이는 평소에 기술을 연마했기 때문에 가능한 것이다.

디즈니의 애니메이션 '치킨 리틀(Chiken Little)'에서, 치킨 리틀은 하늘에서 떨어지는 무언가에 머리를 맞고 하늘이 무너지고 있다고 확신하고 고향 마을인 오우키 오크를 대혼란으로 몰고 간다. 그러나 그의 머리 위로 떨어진 것은 도토리였다. 이로 인해 치킨 리틀은 모든 이들의 놀림감이 되었다.

하나의 사실을 놓고 재앙이 닥칠 것이라고 섣불리 믿고 행동해서는 안 된다.

'회색 코뿔소가 온다'라는 책에서 저자인 미셰 부커(Michele Wucker)는 여배우인 메리마틴 (Mery Martin)의 말을 인용해 "자신이 바라는 것을 토대로 사고하는 습관을 버리고 신중한 사고를 토대로 예측하는 습관을 길러야 한다"고 강조하고 있다. (미셸 부커 저, 이주만 역, 회색 코뿔소가 온다, 비즈니스북스, 2016년)

정보를 수집하고 사실 파악 능력을 높이는 방법 중 구글 검색 주제어를 몇 가지 선정하고 6개월 동안 그 주제에 대해 지속적인 관심을 가지는 것도 좋을 것이다.

'사피엔스'라는 책에서는 '인간을 차별화 한 요인은 불의 사용과, 스토리텔링 능력'이라고 설명하고 있다. 즉, 도구의 사용과 의사소통이 인간의 강점이라는 의미이다. 사실과 상황 분석을 통해 가장 효과적인 방법을 찾아야 한다. 돌멩이를 들고 싸우는 사람은 총을 들고 싸우는 사람을 이길 수 없다. 좋은 방법이 없으면 결국 성공할 수 없다. (유발 하라리 저, 조현욱 역, 사피엔스, 김영사, 2015년)

'팩트풀니스'의 대표 저자인 한스 로슬링은 "사람은 침팬지보다 세상을 제대로 파악하지 못 한다"고 단언한다. 실제 세상을 이해하기 위한 13가지 문제에서 인간의 평균 정답률은 16%였다"고 한다. 이는 세 가지의 보기에서 아무 항목을 찍었을 때의 정답 확률보다 훨씬 낮은 수치이다.

왜 현명하고 똑똑한 인간이 침팬지를 이기지 못했을까? 이 사례에서 사람들이 선택한 대부분의 오답은 체계적이었다. 이는 다시 말해 '지식'이 '적극적'으로 잘못됐기 때문에 나온 결과이다. 저자는 이를 "느낌을 사실로 인식하는 인간의 비합리적 본능 10가지 때문"이라고 분석한다. (한스 로슬링, 올라 로슬링, 안나 로슬링 뢴룬드 공저, 이창신 역, 팩트풀니스: 우리가 세상을 오해하는 10가지 이유와 세상이 생각보다 괜찮은 이유, 김영사, 2019년)

이 사례에서 얻을 수 있는 교훈의 핵심은 '사실에 기반해 판단하고 결정을 내리라'는 것이다. 그렇다면 어떻게 팩트분석 능력을 키울 것인가?

1940년대 후반부터 1950년대를 풍미한 뉴욕 양키스의 포수 요기베라(Lawrence Peter Yogi Berra)는 "보는 것만으로도 많은 것을 관찰할 수 있다"고 했다.

'둔필승총(鈍筆勝聰)'이란 '둔한 기록이 총명한 머리보다 낫다'는 뜻으로 다산 정약용이 한 말이다. 즉 둔한 사람이 붓으로 기록을 하는 것이 총명한 사람의 기억보다 낫다는 의미로, 이 한자성어에는 단순히 기록을 하는 것이 기억보다 나은 것이라는 표면적인 의미 외에 천재가 아니라도 열심히 쓰고, 읽고, 공부를 하면 천재보다 나은 성과를 이룰 수 있다는 희망적인 메시지가 있다고 생각한다.

2. 결론부터 보고하는 습관을 가져라

비즈니스 커뮤니케이션의 기본은 결론이다. 내가 어떤 성과를 내었는지, 성과를 내기 위해 어떤 장애물이 있는지를 정확하게 알려주는 것이 중요하다. 따라서 보고서 1페이지에 결론을 정리하는 습관과 결론부터 보고하는 습관을 가질 필요가 있다.

먼저 보고, 연락, 상담이 왜 중요한지 알아보자. 자신이 일을 잘하고 있다는 평가는 스스로 하는 것이 아니라 상사와 주변에서 하는 것이다. 그러므로 능력을 발휘하고 싶다면 우선 상사에게 호감을 줄 수 있도록 노력해야 한다.

보통 일을 할 때는 초기보고, 중간보고, 최종보고 과정을 거친다. 초기보고는 사전에 계획을 알리는 것이다. 중간보고는 진행 상황을 알리는 것이다. 최종보고는 결과를 알리는 것이다.

상사 입장에서 최종보고만으로는 아무런 의미가 없을 수 있다. 상사로부터 성가시다고 할 정도로 중간보고의 달인이 되어야 한다. 커뮤니케이션을 자주하면서 상사와 책임을 공유할 수 있다.

보고는 프레젠테이션과 같다.

좋은 보고는 첫째, 타이밍을 맞춘다. 특히 좋지 않은 문제로 인해 보고하기 두려운 내용일수록 더욱 신속히 보고가 이루어져야 한다.

둘째, 사실을 있는 그대로 말하며 지나치게 사견을 가미해서는 안 된다.

셋째, 가능한 대안을 갖고 보고한다.

넷째, 상대방이 필요로 하는 정보를 보고한다.

다섯째, 결론부터 말한다. 여섯째, 도입부와 마무리 부분에 최대한 힘을 쏟는다.

마지막으로 중간보고가 중요하다. 기본적으로 보고라 하면 일을 마무리하면서 정리하는 단계라고 여기기 쉬운데 대부분은 일을 진행하는 과정에서 이뤄지는 중간보고가 많다. 상황이 바뀌거나 문제가 발생하거나 생각보다 진행이 길어질 때 등 중간보고가 반드시 필요하다.

연락은 커뮤니케이션 그 자체이다.

좋은 연락은 첫째, 신속한 연락이 좋다. 감사의 인사는 그 날 중으로 한다.

둘째, 상사는 걱정이 많은 편이므로 연락을 긴밀하게 한다.

셋째, 아주 짧고 간결하게 메모를 활용한 지혜로운 연락을 한다.

넷째, 이메일이나 팩스를 보내고 수신 여부를 반드시 확인한다.

다섯째, 마음의 정성이 담긴 메일이나 편지는 그 사람에 대한 평가를 더욱 향상시킨다.

상담은 교섭이다.

능력 있는 사람이 갖추고 있어야 할 가장 중요한 테크닉이다. 상사는 보고를 받는 것보다 상담해주는 것을 더 좋아한다. 상사에게 있어서 부하의 상담 상대가 되어주는 것은 자신의 프라이드를 충족시켜주는 최고의 커뮤니케이션 장이다.

상담에 있어 명심해야 할 것은 첫째, 상담은 자신을 위한 것이기도 하고 상사를 위한 것이기도 하다.

둘째, 사적인 상담은 친밀감을 2배나 증가시킨다.

셋째, 경청의 기술도 매우 중요하다.

넷째, 다른 사람의 이야기는 마음을 비우고 끝까지 잘 듣는다.

다섯째, 문턱이 높은 상사에 대한 상담은 빨리, 짧게, 타이밍 좋게 한다.

여섯째, 상담 상대를 누구로 할 것인가에 대해서는 먼저 상사와 협의하는 것이 지혜로운 행동이다.

일곱째, 상담을 많이 하면 할수록 당신에 대한 주변의 관심도 높아진다.

조직 생활 중에서 상사와 부하, 동료 사이의 보고, 연락, 상담은 매우 중요한 요소이며, 인간관계의 형성 및 업무 성과향상에 있어서도 매우 중요하다.

개인의 역량보다 조직력(팀워크)을 중시하는 일본기업의 경우 이미 오래전부터 제조현장은 물론, 사무직 등 모든 사원들이 '보고, 연락, 상담을 철저히 하자'라는 구호를 외치고 업무에 들어갈 정도로 거의 모든 기업 현장에서 매우 활발하게 활용되고 있다. (야마구치 신이치 저, 양정철 역, 성공하는 사람들의 보고 습관, 거름, 2006년)

권오현의 책 '초격차'에서는 회의와 간담회의 중요성을 강조하고 있다. 이 책에서는 저자가 중요시하는 하는 회의 원칙 세 가지를 소개하고 있다.

첫째, 지시는 많이 하지 않고 질문을 많이 한다.

둘째, 회의를 위한 회의는 절대로 하지 않는다.

셋째, 회의를 정시에 시작하고 약속된 시간 내에 끝낸다.

3. 문제를 단순화 하라

'아이젠하워(Eisenhower) 원칙'이라는 말이 있다. 이는 어지러운 혼돈 상태를 단순하게 정리 정돈하는 방법을 담고 있다.

마르코 폰 뮌히하우젠(Marco Freiherr von Mu"nchhausen)의 책 '집중하는 힘'은 아이젠하워 원칙을 소개하고 있다.

먼저 따로 마련한 빈 책상 위나 빈 공간 바닥을 4등분한다. 그리고 4등분한 공간에 각각 번호를 매기고 1번 공간에는 버릴 것을, 2번 공간에는 다른 사람에게 지시해 처리할 것을, 3번 공간에는 연락할 것을, 4번 공간에는 지금 당장 직접 처리할 것을 배치한다. 그러면 정작 책상 위는 일이 진행될수록 점점 더 말끔히 치워진다. 이것이 아이젠하워 원칙의 실행 결과이다.

아랫사람들은 리더의 지시가 명확하게 전달되지 않으면 혼란에 빠진다. 즉 일이 제대로 진행되려면 핵심적으로 정확한 커뮤니케이션이 이루어져야 한다. 또 그보다 중요한 것은 당장 처리할 수 있는 일은 미루지 않고 곧바로 하는 것이다.

아이젠하워의 책상은 언제나 말끔했다. 쓸데없는 것들을 버릴 줄 알았기 때문이다. 책상이 수북하면 정신 상태도 수북해진다. 프로는 복잡한 것을 단순하게 만들 줄 안다. 특히 리더는 자신의 삶을 단순화시킬 줄 알아야 한다. 이것이 바로 아이젠하워 리더십의 정수다. (마르코 폰 뮌히하우젠 저, 강희진 역, 집중하는 힘, 미래의 창, 2017년)

존 멕스웰(John Calvin Maxwell)은 '오늘을 사는 원칙'이라는 책에서 미국 광고계의 아버지이자 사업가인 아이비 리(Ivy Lee)가 베들레헴 철강회사(Bethlehem Steel)의 찰스 슈왑에게 제안했다는 '6가지 우선순위 할 일 목록 만들기'를 소개하고 있다.

20세기 초, 베들레헴 스틸(Bethlehem Steel)의 사장인 찰스 슈왑(Charles Schwab)은 회사의 생산성 제고를 위해 홍보 및 관리 컨설턴트인 아이비 리를 만났다. 아이비 리는 슈왑 사장에게 백지 한 장을 주고 "사장님이 내일 해야 할 일 가운데 가장 중요한 여섯 가지 일을 적어 보시죠."라고 말했다. 슈왑 사장이 여섯 가지 가장 중요한 일을 모두 적자, 리는 이렇게 말했다.

"자, 그 여섯 가지 일을 사장님과 회사에 중요한 순서대로 번호를 매겨 보십시오. 그런 다음 그 종이를 주머니에 넣고, 내일 아침이 되면 종이를 다시 꺼내서 1번으로 적은 일을 보십시오. 다른 일들은 보시지 마시고, 1번 일만 보시고 그 일에 착수해 끝날 때까지 계속 매진하십시오. 그리고 2번 일도 같은 식으로 처리하신 다음 3번 일, 4번 일 순으로 하루가 끝날 때까지 계속하십시오. 일을 한 두 가지 밖에 못 끝냈다고 해서 걱정하실 필요는 없습니다. 가장 중요한 일을 하고 계신 거니까요. 일과시간마다 매번 이렇게 하십시오. 이 방법의 가치를 확신하셨다면 직원들에게도 같은 방법을 써보게 하세요. 제가 권해드리는 방법이 마음에 드시면 일단 해보신 뒤에 사장님이 생각하시는 값어치만큼의 수표를 제게 보내주시면 됩니다."

몇 주 뒤에 슈왑은 리에게 자신이 지금까지 배운 것 중 가장 얻은 게 많은 수업이었다는 내용의 편지와 함께 2만 5,000달러의 수표를 보냈다. 그 뒤 얼마 안 있어 베들레헴 스틸은 당시 최대의 독립 강철 제조업체가 되었다. (존 맥스웰저, 이진원 역, 오늘을 사는 원칙, 청림출판, 2004년)

다기망양(多岐亡羊)이라는 고사성어는 갈림길이 많아 잃어버린 양을 찾지 못한다는 뜻으로, 두루 섭렵하기만 하고 전공하는 바가 없어 끝내 성취하지 못함을 이르는 말이다. '열자(列子)' 설부(雪符)에 나오는 이야기이다.

전국시대의 사상가로 극단적인 개인주의를 주장했던 양자(楊子)와 관계되는 이야기이다. 어느 날 양자의 이웃집 양 한 마리가 달아났다. 그래서 그 집 사람들은 물론 양자네 집 하인들까지 청해서 양을 찾아 나섰다. 하도 소란스러워서 양자가 물었다.

"양 한 마리 찾는데 왜 그리 많은 사람이 나섰느냐?"
이에 양자의 하인이 대답했다.

"예, 양이 달아난 그 쪽에는 갈림길이 많기 때문입니다."

얼마 후 모두들 지쳐서 돌아왔다. 이를 본 양자가 물었다.

"그래, 양은 찾았느냐?"
"갈림길이 하도 많아서 그냥 되돌아오고 말았습니다."
"그러면 양을 못 찾았단 말이냐?"
"예, 갈림길에 또 갈림길이 있는지라 양이 어디로 달아났는지 통 알 길이 없었습니다."

이 말을 듣자 양자는 우울한 얼굴로 그날 하루 종일 아무 말도 안했다. 제자들이 그 까닭을 물어도 대답조차 하지 않았다.
그렇게 우울한 나날을 보내던 어느 날, 한 현명한 제자가 선배를 찾아가 사실을 말하고 스승인 양자가 침묵하는 까닭을 물었다. 그러자 그 선배는 이렇게 말했다.

"선생님은 '큰길에는 갈림길이 하도 많기 때문에 양을 잃어버리고, 학자는 다방면(多方面)으로 배우기 때문에 본성을 잃는다. 학문이란 원래 근본은 하나였는데, 그 끝에 와서 이같이 달라지고 말았다. 그러므로 하나인 근본으로 되돌아가면 얻는 것도 잃는 것도 없다'고 생각하시고 그렇지 못한 현실을 안타까워하시는 것이라네."

4. 기본을 익히되 기본에 집착하지 마라

바둑 격언 중에 "묘수 세 번 두면 바둑 진다"는 격언이 있다. 묘수는 기발한 착상으로써 돌을 살리거나 죽이기도 하고, 부분적으로는 전세를 역전시키기도 한다. 하지만 묘수를 연발해서 바둑을 이기는 경우는 드물다. 이창호 9단은 화려한 묘수를 구사하는 법이 거의 없지만, 합리적인 착점을 일관되게 찾아내는 능력으로 세계 최강으로 군림하였다. 그는 이렇게 말했다.

"한 건에 맛을 들이면 암수(暗手)의 유혹에 쉽게 빠져들게 된다. 정수(正手)가 오히려 따분해질 수 있다. 바둑은 줄기차게 이기지 않으면 우승할 수 없고 줄기차게 이기려면 괴롭지만 정수가 최선이다." (조은성, 바둑에서 배우는 경영전략, LG주간경제, 2004년 9월 22일)

제갈량(諸葛亮)이 공성계를 통해 사마의(司馬懿)의 공격을 막은 것은 잘 알려진 이야기이다. 제갈량이 묘수를 둔 것이다. 그러나 한편으로는 묘수를 두어야 할 만큼 상황이 나빴다는 뜻이기도 하다. 즉 전투에서는 이겼지만 전쟁에서는 지고 있는 상황이었던 것이다.

임영익은 책 '메타생각(Meta-Thinking)'에서 레오나르도 다빈치(Leonardo di ser Piero da Vinci)의 어린 시절 얘기로 기본의 중요성을 강조한다.

스승이었던 베로키오(Andrea del Verrocchio)는 다빈치에게 날마다 달걀만 반복해서 그리게 했다. 다빈치는 다른 것은 안 가르쳐주고 달걀만 반복해서 그리게 하는지 불만이었다.

그러자 베로키오는 "작은 달걀이라도 함부로 생각해서는 안 된다. 어느 달걀도 똑같이 생긴 것은 없다. 또 같은 달걀이라도 보는 위치에 따라 달리 보이고, 빛에 따라 달리 보이는 법이다. 너에게 달걀만 자꾸 그리라고 한 것은 사물의 모습을 관찰하는 능력을 키워주기 위한 것이다. 그래야만 그림을 잘 그릴 수 있는 것이다."라고 대답했다.

이후 다빈치는 더 열심히 달걀을 그리면서 자신의 재능을 깨우쳤다고 한다. 다빈치가 인류 역사상 최고의 화가가 된 비결은 이처럼 기본기를 튼튼하게 갖추고 있었기 때문이다. (임영익, 메타생각, 리콘미디어, 2014년)

2014년 한국과 일본에서 동시에 베스트셀러를 기록하며 '기본 열풍'을 몰고 온 도쓰카 다카마사(戶塚隆將)의 책 '세계 최고의 인재들은 어떻게 기본을 실천할까'에서도 기본의 중요성을 강조하고 있다.

사람들은 바쁘다는 핑계와 이미 다 알고 있다는 착각으로 '기본'을 쉽게 지나친다. 하지만 기본이야말로 일의 성과를 좌우하는 가장 본질적이고도 중요한 키워드이자, 남들과의 차이를 만들어내는 핵심 요소이다. 이 사실을 누구보다 잘 알고 있는 골드만삭스와 맥킨지, 하버드 비즈니스 스쿨의 인재들은 기본을 놓치지 않기 위해 끊임없이 노력하며 이를 행동으로 실천하고 있다. 저자는 직접 겪었던 경험을 바탕으로 세계 최고의 기업, 인재들이 기본을 실천하는 방법과 노하우를 깊이 있게 분석했고, 그 결과 누구나 조금만 주의를 기울이면 자신의 것으로 만들 수 있는 기본 실천법을 정리할 수 있었다. 기본을 머리로만 생각하지 않고 행동으로 실천할 때 비로소 그 가치가 드러난다고 말하는 저자는 기본을 실천하는 데 바탕이 되는 우리 내면의 세 가지 요소인 자신감, 책임감, 목표 설정에 초점을 맞추어 기본 실천법에 대해 설명해 나간다.

자신감과 책임감, 높은 목표는 서로 지대한 영향을 끼치는데 기본을 꾸준히 실천하면 내면에 자신감이 쌓이고, 자신감이 쌓일수록 자신이 맡은 일에 대한 책임감이 높아진다. 책임감을 가지고 일에 임하면 이는 곧 성과로 이어져 목표를 달성할 수 있게 된다. 이렇게 선순환 구조가 생겨나면서 더욱 충실하게 기본을 지킬 수 있다. (도쓰카 다카마사 저, 김대환 역, 세계 최고의 인재들은 어떻게 기본을 실천할까, The Business Books and Co., Ltd, 2014년)

세계적인 기업 듀퐁은 "모든 회의를 시작하기 전에 비상시 탈출 경로를 확인한다. 복도 모퉁이에 직원 충돌 방지 거울을 설치한다. 타일이 설치된 바닥에는 미끄럼주의 표지판을 설치한다. 계단 이용 시 안전 손잡이를 잡는다."와 같은 기본을 중시한다. (조장현, 컨슈머뉴스, 2017년12

월15일)

'노자'에는 '수인이어 불여수인이어(授人以魚, 不如授人以漁)'라는 구절이 있다. 이는 사람에게 물고기를 주는 것이 물고기 잡는 법을 가르쳐주는 것만 못하다는 말이다. 물고기 잡는 법을 알면 언제라도 스스로 필요할 때 물고기를 잡을 수 있다. 기본을 익힌다는 것은 물고기 잡는 법의 기본을 익히는 것이 되어야 할 것이다.

미야모토 무사시는 '오륜서'에서 "승부에 나서면 기본을 넘어서야 이길 수 있다. 기본을 익히지 않고 응용에 나서는 것은 교만(驕慢)이고, 기본을 익히고도 기본을 벗어나지 못하는 것은 협량(狹量)이다."고 했다.

검을 휘두르는 5개의 기본자세가 있지만 이는 기본일 뿐이다. 실전에서는 다양하게 변형되고 응용된다. 기본을 익히는 목적은 근본을 튼튼히 하기 위함이며, 변화무쌍한 상황에 따라 유연하게 대처하기 위한 기본 능력을 갖추기 위함이다. 기본을 익히지 않고 응용에 나서는 것은 교만이고, 기본을 익히고도 기본을 벗어나지 못하는 것은 협량이다. 이는 곧 형식을 익혀 본질을 이해하고, 본질을 이해하면 형식을 자유롭게 구사할 수 있어야 한다는 의미이다.

기본과 응용을 익힌 뒤 일단 검을 들고 승부에 나섰다면 꼭 이겨야겠다는 의지가 중요하다. 휘두르는 검에 불패의 강력한 의지가 실려 있어야 이길 수 있다. 무기와 장비에 우선하여 투지와 각오를 다져야 한다. 비록

객관적 전력에서 열세더라도 절체절명의 승부처에서 이기겠다는 의지가 강하면 '궁즉변 변즉통(窮卽變 變卽通)', 즉 절박하면 변화해 방법을 찾아내고 통하게 된다는 의미다. (김경준, 오륜서 경영학, 원앤원북스, 2017년)

5. 디테일이 중요하다

톰 피터스(Tom Peters)는 1982년 로버트 워터만(Robert Waterman)과 함께 저술한 '초우량 기업의 조건(In Search of Excellence)'으로 큰 반향을 일으켰다. 톰 피터스는 리더의 네 가지 역할로 최고가 되려는 신념, 디테일에 대한 집념, 창의성 응원, 실패에 대한 지원을 꼽는다.

한근태는 그의 책 '일생에 한 번은 고수를 만나라'에서 디테일에 대한 집념에 주목하였다. 고수들은 대부분 디테일에 강하다. 대충하고 얼렁뚱땅 지나가는 고수는 없다. 그래서 보통사람들은 이런 면을 이해하지 못한다고 했다.

그렇다면 왜 디테일이 그렇게 중요한 걸까?

첫째, 사업 승부는 비전이나 전략 같은 큰 아젠다보다 디테일에서 결정되는 경우가 많다. 그래서 디테일이 중요하다. 예를 들어 주차장 문제, 콜센터 등이 그렇다. 주차장에 들어가면 이 회사 수준을 알 수 있다. 모 전자상가는 장사가 안 되기로 유명하다. 휴일에도 대부분의 점포에 파리가 날린다. 그럼에도 불구하고 주차하기가 의외로 힘들다. 주차하기 편한 지하 1층과 2층은 평일에도 대부분 만석이다. 직원들이 그곳에 주차를 하기 때문이다. 고객들은 불편을 감수하고 지하 5층이나 6층까지 내려가야 한다. 말로는 '고객이 제일'이라고 떠들지만 주차장을 보면 '우리는 고객의 편의 따위는 신경 쓰지 않습니다'라는 것을 알 수 있다.

반면 강남의 모 백화점은 주차의 천국이다. 우선 주차장이 넓다. 입구부터 시작해 촘촘히 직원들을 배치해 운전자들이 빈 곳을 찾아 이동할 필요가 없다. 별 것 아닌 주차장 하나에서 큰 차이가 난다.

경영인들은 주차장에 대해 얼마나 신경을 쓰고 있는가? 대부분 자신들이 주차하기 편하기 때문에 신경을 쓰지 않는다.

둘째, 디테일이 강해야 제대로 된 관리를 할 수 있다. 아무리 많이 벌어도 버는 것보다 쓰는 것이 많은 개인과 조직은 살아남지 못한다. 반면 버는 것이 다소 적고 이익률이 낮아도 관리를 잘 하는 조직은 지속 가능하다. 승승장구하던 벤처들이 무너진 이유 중 하나는 관리 소홀 때문이다.

셋째, 디테일이 강해야 리스크를 줄일 수 있다. 사람은 큰 돌에 걸려 넘어지지 않는다. 작은 돌에 걸려 넘어진다. 큰 돌은 보이기 때문에 피해갈 수 있다. 개인도 그렇고 조직도 그렇다. 오히려 작은 것을 소홀히 하다 큰 손실을 입을 수 있다.

모 글로벌 제약회사는 엄청난 연구비용을 투자해 요실금 치료제를 개발했고 이를 전 세계에 특허로 출원했다. 그런데 직원의 실수로 한국을 'North Korea'로 표기했다. 그 바람에 한국에서는 그 회사 제품을 마음대로 카피할 수 있었고, 이는 결과적으로 수백억 원대의 손실로 이어졌다. 믿어지지 않는 실수다.

또 다른 모 회사는 운송비용 절감을 위해 기존 해운회사 대신 새로운 회사들과 협상을 하고 있었다. 이를 위해 거래 가능성 있는 곳에 대외비로 문서를 보내야 했다. 아주 중요한 문건이었기에 오너는 매니저급 직원에게 직접 팩스 송신을 지시했다. 그런데 얼마 후 절대 내용을 알아서는 안 될 기존 거래처가 그 내용에 대해 훤히 알고 있는 사태가 벌어졌다. 원인을 파악해 보니 팩스기기의 단축 다이얼을 엉뚱하게 눌러 서류가 잘못 발송된 것이다. 그로 인해 회사가 입은 손해는 말로 다 할 수 없었다.

꺼진 불도 다시 봐야 한다. 확인하고, 다시 확인하고, 교차로 확인해야 한다.

넷째, 디테일이 강해야 고객의 신뢰를 얻을 수 있다. 인터넷쇼핑몰의 강자 중 하나인 인터파크는 디테일의 중요성을 인식해 살아남은 회사이다.

성공 이유를 묻는 질문에 인터파크 대표는 이렇게 답한다. "이 사업은 기본적으로 디테일이 강해야 합니다. 비즈니스 모델은 어디나 비슷합니다. 제 때 물건을 배송하고, 반품을 받아주고, 전화 응대를 잘하고, 불만 처리를 그때그때 해야 합니다. 생각보다 힘이 들고 정성이 들어가고 신뢰를 얻는데 시간이 걸립니다. 저희들은 디테일의 중요성을 간파했고 거기에 힘을 쏟았습니다."

신뢰는 말로 얻을 수 없다. 신뢰받을 만한 행동을 할 때 얻을 수 있다.

다섯째, 그래야 지존의 경지에 도달할 수 있다. 한 분야를 평정한 고수들은 대부분 품질에 대해 병적으로 집착한다. 그런 집착 없이 어떻게 고수로 등극을 할 수 있겠는가?

세계 최고의 디자이너 조르지오 아르마니(Giorgio Armani)가 그렇다. 그는 전 세계 320개의 매장에 5천 명의 직원을 두고 있으며 연매출이 20억 유로에 이른다.

그는 완벽주의자다. 일관성을 가장 소중하게 생각한다. 패션쇼의 소품으로 쓰이는 꽃 장식 하나, 패션모델의 발걸음 하나까지 직접 챙긴다. 아르마니 호텔과 리조트의 경우에도 가구와 인테리어는 물론 직원 유니폼 디자인까지 직접 관여한다.

"인생에서 어떤 의미 있는 것을 이루기 위해서는 가장 작은 디테일에 신경을 쓰는 것이 필수적입니다. 뭔가 비범한 것은, 창조하기 위해 집요할 정도로 가장 작은 디테일에 몰두해야 합니다." 아르마니의 말이다.

둔한 사람은 절대 최고경영자가 되어서는 안 된다. 아니 될 수 없다. 예민하고, 까다롭고, 집착증세가 있어야 한다. 특히 품질에 관해서는 병적인 집착이 있어야 한다. 소소한 고객의 클레임에 밤잠을 설쳐야 한다. 그 문제점을 해결할 때까지 노심초사할 수 있어야 한다. 더러운 사무실 상태를 보고 흐트러진 기강을 읽을 수 있어야 한다. 직원들의 처진 어깨를 보고 자신을 돌아볼 수 있어야 한다. 충성고객 한 사람을 잃게 되면 왜 그분이 떠났는지 집요하게 파헤칠 수 있어야 한다.

 하지만 조심할 것이 있다. 우선순위이다. 정말 신경을 써야 할 것과 그렇지 않은 것을 구분해야 한다. 가리지 않고 디테일하게 파고드는 것은 조직을 피곤하게 한다. 그래서 디테일에 강한 리더가 되기 위해서는 우선 의도된 한가함이 필요하다. 빠른 속도로 움직이는 차 안에서는 경치를 즐길 수 없듯이 사소한 것에서 의미 있는 메시지를 읽기 위해서는 여유가 있어야 한다. 그런 면에서 분주한 리더는 최악의 리더가 될 가능성이 높다.

 사장은 복합적인 능력이 필요하다. 5분 후의 일과 5년 후의 일을 동시에 걱정하고 현미경과 망원경을 같이 볼 수 있어야 한다. 무엇보다 작은 신호에서 큰 기회의 싹을 볼 수 있어야 하는데, 이는 디테일을 중시하는 훈련을 통해 가능하다. 사장에게 사소한 일은 없다. (한근태, 일생에 한 번은 고수를 만나라, 미래의 창, 2013년, 한근태, 디테일 왜 중요한가? 중앙일보 2009년4월29일)

 중국의 경영 컨설턴트 왕중추(汪中求)가 쓴 '디테일의 힘(원제: 細節決定成敗)'에는 디테일에 실패해 큰일을 놓친 극적인 사례들이 많이 등장한다. 그가 말하는 핵심은 '100-1=0'이란 공식으로 요약된다. 백 가지를 잘했어도 한 가지를 잘못하면 허사라는 것이다.

 그는 이 책을 통해 "일본인 직원들에게 매일 책상을 여섯 번씩 닦으라고 하면 그들은 절대로 잔꾀를 부리는 법 없이 그대로 실천한다. 하지만 중국인 직원들은 첫날과 둘째 날은 여섯 번씩 닦지만 셋째 날은 다섯 번만 닦고, 넷째 날은 네 번만 닦는다. 이것이 바로 중국 기업들이 최신 설비를 도입하고도 질 낮은 제품을 생산하는 이유이자, 생산한 제품의 질이 세계 일류 수준이라도 수출 가격은 다른 나라 제품의 10분의 1, 심지어 수십분의 1에 불과한 이유이기도 하다."고 하였다. (왕중추 저, 허유영 역, 디테일의 힘, 올림, 2005년)

중국 전국시대 책략서인 '전국책(戰國策)'에 적우침주(積羽沈舟)라는 말이 나온다. 새털처럼 가벼운 것도 많이 실으면 배가 가라 앉는다. 사소한 것도 지속적으로 쌓이면 큰 영향력을 갖게 된다. 단 하나의 일에 집중하면 반드시 성공한다. 다른 모든 일들을 무시하는 것이다. 버리고, 선택하고, 집중하는 것이다. 큰일을 해내는 유일한 방법은 아주 작은 일의 반복이다. 작은 질문, 작은 생각, 작은 행동, 작은 해결, 작은 보상, 작은 순간을 중시하는 것이다.

'순자(荀子)'의 권학(勸學)편에서 유래한 적토성산(積土成山)이라는 말이 있다. '흙을 쌓아 산을 만들다'라는 뜻으로, 작은 일도 끊임없이 최선을 다하면 큰 성과를 이룰 수 있음을 비유한다. 다른 말로는 적소성대(積小成大) 또는 적진성산(積塵成山, 티끌 모아 태산)이라고도 한다.

흙을 쌓아 산을 만들면 그곳에서 비와 바람이 일고(積土成山, 風雨興焉), 물을 모아 연못을 만들면 그곳에서 교룡이 생긴다(積水成淵, 蛟龍生焉). 선행을 쌓아 덕을 이루면, 깊은 이치를 스스로 깨닫게 되어 성인의 마음을 갖게 된다(積善成德, 而神明自得, 聖心備焉). 그러므로 반걸음씩이라도 앞으로 나아가지 않고서는 천리에 도달할 수 없고(故不積步, 無以致千里), 작은 물줄기가 모이지 않고서는 강이나 바다를 이룰 수 없다(不積小流, 無以成江海). 천리마라고 하더라도 한 번 도약으로 열 걸음이 되는 거리에 도달할 수 없고(騏驥一躍, 不能十步), 아무리 능력이 없는 말이라도 열흘을 달리면 천리마가 하루에 간 길을 갈 수 있는데, 이런 성과를 이룰 수 있는 이유는 쉬지 않고 노력했기 때문이다(駑馬十駕, 功在不舍). 새기다가 그만두면 썩은 나무도 부러지지 않고(而舍之, 朽木不折), 새기는 것을 포기하지 않고 꾸준히 하면 돌이나 쇠라도 새길 수 있다(而不舍, 金石可鏤). (순자,권학편)

6. 중요한 메시지는 700번 이상 반복하라

아무리 강력한 메시지를 만들어도 그것을 타인에게 제대로 전하지 못하면 혼잣말이 될 뿐이다. 아무리 좋은 비전과 핵심가치를 수립해도 전체 조직 구성원이 공유하지 못하면 사장 혼자만의 꿈에 그치고 말 것이다. 벽에 붙여 놓은 포스터로만 남아 있어서는 아무런 의미가 없다.

중요한 이야기는 한 번 전하는 것만으로는 부족하다. 비전이나 핵심가치는 한 번 선언하고 끝내서는 안 된다. 몇 번이고 거듭 말해서 중요성을 공유해야 한다.

잭 웰치(Jack Welch)는 기업의 핵심가치는 700번 이상 반복해서 부하직원들에게 말하라고 했다. 그는 "나는 어떤 아이디어나 메시지를 조직 전체에 전달하고자 할 때, 한 번도 이 정도면 충분하다고 생각해본 적이 없다. 나는 중요한 아이디어가 있으면 그것을 여러 해에 걸쳐 온갖 종류의 회의 때마다 수없이 반복해서 강조하고 또 강조했다. 나중에는 아예 신물이 날 정도였다. 내 커뮤니케이션 방법이 과도하거나 강박관념으로 비쳤을지도 모른다. 그러나 나는 열 번을 이야기하지 않으면 한 번도 얘기하지 않은 것과 같다고 생각한다."라고 강조했다. (이지훈, 혼 창 통, p 226, 2010년)

신한금융그룹에는 '오십훈(五十訓)'이라는 제목의 지침서가 있다. 오십훈은 신한금융그룹 창업자인 고 이희건 명예회장이 평소 라응찬 회장에게 전한 메시지 중 라 회장이 큰 깨달음을 얻은 50가지의 구절을 정리한 것이다. 신한금융그룹은 이 오십훈을 책자로 제작해 직원들이 항상 휴대할 수 있도록 하고 있다. 오십훈의 주요 내용은 다음과 같다.

- 지켜야 할 것을 끝까지 지키는 냉정함, 버려야 할 것을 단호히 버리는 용기, 무엇을 지키고 무엇을 버릴지 판단할 수 있는 지혜를 더욱 연마해 사람들 기대에 당당히 부응하도록 하라.
- 재물을 잃는 것은 조금 잃는 것이고 신용을 잃는 것은 많이 잃는 것이다. 그러나 용기를 잃는 것은 전부를 잃는 것이다.
- 고객을 대할 때는 항상 고객도 잘되고, 자신도 잘된다는 마음을 유지

해야 한다.
- 취해도 좋고 취하지 않아도 좋은 경우에는 취하지 않는 것이 좋다. 취하면 청렴을 해친다. 주어도 좋고 주지 않아도 좋은 경우에는 주지 않는 것이 좋다. 주면 은혜를 상한다.
- 사람은 항상 자신의 부족함을 부끄러워하는 마음과 눈에 보이지 않는 천지신명을 두려워하는 마음, 그리고 자신의 잘못을 과감히 고치려는 마음을 유지해야 한다. 특히 지위가 올라갈수록 만사에 두려워하는 마음을 갖도록 노력해야 한다.
- 인생의 가치는 무엇을 얼마나 소유하느냐가 아니라 얼마나 가치 있는 삶을 영위하느냐에 있다. 항상 나는 누구인가를 생각하며 스스로의 직분을 알고 이에 충실하도록 노력해야 한다.
- 바라던 대로 뜻을 이루었더라도 담담한 마음을 가지고, 일이 기대에 어긋나더라도 태연한 자세를 취하라.
- 초조해하지 마라. 마음의 여유를 가질 필요가 있다. 때로는 시간만이 해결해 주는 일도 있다.
- 진언이나 충고를 할 때는 먼저 상대방의 입장과 자신의 위치에 대해 충분히 생각하고, 그 내용이 올바른 것인지, 그리고 그 시기가 적당한지 다시 한 번 생각해야 한다.
- 헤엄도 치지 않고 노도 젓지 않은 채 인생을 마쳐서는 안 된다.
- 진정한 금융인은 스스로 근검절약하고 정직해야 하며, 고객을 대할 때는 항상 '무엇인가 도울 것이 없는가'하는 마음가짐을 가져야 한다.
- 조직은 '조직의 목적이 달성됐는가'하는 유효성과 '구성원들의 동기가

만족됐는가'하는 능률 가운데 어느 하나가 충족될 때 존속한다. 장기적으로는 유효성과 능률 모두가 필요하다.

- 잘되는 조직에서는 구성원 전원이 혼연일체가 되어, 중심이 되는 일을 맡은 사람을 나머지 사람들이 혼신의 힘을 다해 밀어준다. 이처럼 일의 내용에 따라 중심이 계속 이동하며 유기적으로 움직이는 조직이야말로 강력하고 능률적인 힘을 발휘한다.

- 나는 조직의 외부에 머무르는 관찰자가 아니라 관여자가 되어야 한다. 조직은 곧 나이며 모든 것은 관여자인 내 마음의 반영이다.

- 시간이 흘러 우리는 언젠가는 조직에서 사라지게 된다. 그러나 우리가 남겨 놓은 에너지는 영원하다. 따라서 중요한 것은 영원한 에너지를 얼마나 많이 남겨 두고 가느냐에 있다. 우리는 존재하고 계속 존재해야 할 실존이기 때문이다.

- 종전의 상태를 유지하기 위해서라도 있는 힘을 다해 계속 달리지 않으면 안 된다. 한 단계 더 높은 곳으로 올라가기 위해서는 적어도 그 두 배의 속도로 달리지 않으면 안 된다.

- 기업의 성장과 존망은 천명(天命)에 달려 있고 천명은 사람의 마음에 달려 있다.

- 기업에서 인심이란 그 종업원과 고객의 마음이다. 따라서 기업인의 존망은 종업원과 고객에게 달려 있음을 명심해야 한다.

- 성공 속에 쇠망(衰亡)의 씨앗이 있다.

- 승리의 핵심은 적이 이길 수 없는 방비를 갖추고 적의 빈틈을 공격하는 것이다. 적에게 이긴다는 것을 알 수는 있어도 무리하게 승리를 만들

어낼 수는 없다.
- 지도자는 자신이 싫어하는 일을 다른 사람에게 억지로 시켜서는 안 된다.
- 공식조직에서의 권위는 전달로서의 명령이 수용될 때 성립된다. 명령의 수용 여부는 명령을 내리는 사람에 의해서가 아니라, 그 명령을 받는 사람에 의해 결정된다.
- 건강은 최대의 부(富), 소욕(小欲)은 최상의 쾌락, 만족은 최고의 복록(福祿)이다.

(이희건 '오십훈' 중 발췌)

7. 결과를 내려면 의사결정을 빨리해야 한다

무사시노의 사장 고야마 노보루(小山 昇)는 사원 2명으로 시작해 15년 연속 수익 증가를 달성한 우량기업으로 회사를 육성하였다. 2001년부터는 자사의 경영전략을 소개하는 경영지원 사업을 운영하고 있다. 그는 '사장의 초 철칙'이라는 책에서 어떠한 경우에도 회사를 잘못되게 하지 않는 철칙을 소개하고 있다. 그 주요한 내용은 다음과 같다.

- 사장의 역할은 올바른 판단이 아니라 빠른 결단이다. 시장이 급변하기 때문에 결단이 늦으면 판단의 옳고 그름을 판명할 수 없어 오히려 기회를 상실한다.
- 사장보다 뛰어난 2인자가 회사를 망가뜨린다. 2인자는 사장의 보완관계가 아니라 팬이어야 한다. 그리고 행동력이 있는 예스맨이어야 한다.

사장과 2인자가 의견이 다르면 중소기업 직원들은 방향을 잡지 못한다.
- 모든 것을 부하 직원에게 맡긴다는 것은 사장이 무능하다는 것이다. 방침, 범위, 쓸 사람, 예산, 기간, 수치, 목표 등 구체적인 요소를 명확하게 하여 맡겨야 한다.
- 같은 일을 3년 이상 시키는 것은 사원의 능력을 말살하는 것이다. 성장하는 기업은 사원의 이동이 활발하다.
- 지위와 처우에 착오가 있어서는 안 된다.
- 절대 권력자가 없으면 회사는 내부로부터 무너진다.
- 성적부진 사원의 보수를 줄이지 않는 것은 사장의 업무 태만이다. 사람 좋기만 한 2인자는 당장 잘라야 한다. 사장이 가장 열심히 일하는 것은 당연한 일이다.
- 올바른 부하는 사장에게 정보를 감추지 않는다. 아래에서 위는 잘 보이는데 위에서 아래는 잘 보이지 않는다.
- 어떤 정보를 공유할 것인지를 결정하라. 공유할 정보, 보고할 정보를 정하라. 고유명사가 없는 보고서는 필요가 없다.
- 사원 교육은 '늘 하던 얘기 또 하네'가 당연하다. 질릴 정도로 같은 내용을 반복하여야 한다. 사원 교육 성공의 열쇠는 선생을 늘리는 것이다.
- 컨설턴트는 경영 초심자다. 따라서 전체를 자문 받아서는 안 되고 필요한 부분을 구체적으로 정해서 그에 대한 자문을 받아야 한다. 경영자로서 경험이 없는 사람이 경영을 알 수는 없다.
- 사원의 신뢰는 신경 쓰는 데서 생기지 않고 사장의 땀과 노력에서 생

긴다.
· 회사가 상대해야 할 진정한 적은 시대이다. 경쟁사에 승리해도 시대 흐름을 제대로 읽지 않으면 살아남을 수 없다.

(고야마 노보루, 회사를 망하게 하지 않는 사장의 '초' 철칙, 다이와쇼보, 2018년, 小山 昇, 会社を絶対 ダメにしない 社長の「超」鉄則, 大和書房, 2018년)

강민호는 '변하는 것과 변하지 않는 것'이라는 책에서 "경영은 의사결정이며, 의사결정은 포기의 예술"이라고 말한다.

결과를 내려면 의사결정을 빨리해야 한다. 현장에서는 적시성이 정확성보다 중요할 때가 많다. 그렇다면 사장이 내리는 의사결정에는 어떤 것이 있고, 어떻게 해야 할까?

주상용의 '사장의 교과서'에서는 '내일 결과를 내기 위해 오늘 내려야 할 의사결정'을 다음과 같이 정리하고 있다.

첫째, 사람에 대한 의사결정이다. 일은 사람이 한다. 그래서 누가 하느냐가 중요하다. 선발과 재배치가 여기에 해당한다.

선발에는 신규채용과 내부발탁이 있다. 신규채용을 할 때는 가치와 미래에 중점을 두어야 한다. 함께 갈 수 있는 사람인지, 그리고 미래를 함께 창조할 능력이 있는 사람인지가 중요하다. 사람을 발탁할 때는 최고의 인재를 단지 문제 해결을 위해 사용하는 것이 아니라 새로운 기회를 창출하고 후계자를 키우는 것까지 고려해야 한다.

재배치에서는 '강점인사'와 '조직에 맞지 않는 사람과의 잘 헤어짐'이 중요하다.

둘째, 우선순위에 대한 의사결정이다. 시간과 자원은 항상 부족하다. 그래서 우선순위가 필요하다. 주안점을 두어야 할 부분은 기업의 존재 이유와 질적 전진이다. 기업 외부 환경은 항상 변한다. 그 변화 속에서 존재 이유를 지켜나가는 창조적 활동이 우선되어야 한다. 그래야 미래가 있다. 이를 위해 양보다는 질적 전진에 집중해야 한다. 즉, 질을 높여 양을 키우는 경쟁력 있는 선순환구조를 만들어야 한다.

셋째는 원칙에 대한 의사결정이다. 회사를 운영하다 보면 회색지대가 나타난다. 특히 사장이 경험해 보지 않은 영역들이 부지기수다. 그렇다고 의사결정을 미룰 수도 없다. 이때, 관련된 사람과의 관계성이나 돈의 액수와 상관없이 따를 원칙이 필요하다. 편법을 택하지 않고 올바른 길을 걸을 수 있는 나침반이 필요하다. 오늘 내리는 의사결정이 내일 아침 4대 일간지에 뉴스로 알려지더라도 떳떳할 수 있다는 자체 기준을 가지는 것도 도움이 된다.

더욱이 사장 자신뿐만 아니라 모든 직원이 현장에서 크고 작은 의사결정을 할 때 한 방향으로 정렬될 수 있는 원칙과 이를 우선시하는 조직문화가 필요하다. 그런 조직을 정예화된 조직이라 한다.

현실적으로 의사결정에서의 선택은 단순히 무엇인가를 더 하는 것이 아닐 경우가 많다. 즉 의사결정이란 선택하는 것이다. 그리고 선택이란 무언가를 추가하고 더 하는 것이 아니라, 오히려 무언가를 빼고 포기할 것을 정하는 일이다. 선택하면 반드시 잃는 것이 있다. 잃는 것이 있다면 반드시 얻는 것도 있다. 의사결정의 기본은 이것을 이해하는 것이다. 경영은 의사결정이며, 의사결정은 포기의 예술이다. (강민호, 변하는 것과 변하지 않는 것, 턴어라운드, 2018년)

롭 무어(Rob Moore)는 '결단'이라는 책에서 '무엇'보다 '언제'가 중요하다고 강조했다. 다음은 결단의 주요 내용을 요약한 것이다.

지금 시작하고 나중에 완벽해져라. 축구 선수 리오넬 메시(Lionel Messi)는 팀 동료에게 허락을 구하지 않고서도 슛을 쏠 타이밍을 정확히 안다. 자동차 경주 선수인 루이스 해밀턴(Lewis Hamilton)은 브레이크를 밟을 일정을 짜지 않지만 그 때를 잘 안다. 완벽한 때라는 건 결코 없다. 시작하기도 전에 만반의 준비를 끝내는 것은 불가능하다. 언제라도 경로를 수정할 수 있다. 만약 나쁜 결정을 하더라도 다음에 내릴 작은 결정으로 그것을 바로잡을 수 있다. 무엇보다도 언제가 중요하다.

서둘러라. 그리고 일단 해 봐라. 바꿀 수 있는 건 바꿔라. 바꿀 수 없는 건 내버려 둬라. 바꾸는 건 살려라.

너무 많이 경험하지 말라. 경험을 쌓다가 다음과 같은 문제가 쌓인다.

> 첫째 ‖ 무감각한 태도
> 둘째 ‖ 열정과 열의 감소, 피로, 완전한 에너지 소진
> 셋째 ‖ 냉소, 신뢰 결핍
> 넷째 ‖ 에너지 부족
> 다섯째 ‖ 반복으로 인한 창의성과 지략 부족
> 여섯째 ‖ 지루함, 고정관념
> 일곱째 ‖ 과도한 자신감, 오만이나 자만심
> 여덟째 ‖ 노력과 관심 부족, 당연하게 여기기

(롭 무어 저, 이진원 역, 결단, 다산북스, 2019년)

8. 보고를 받을 때는 사실과 핵심을 이해해야 한다

보고서는 조직의 알파와 오메가다. 조직 내부 커뮤니케이션은 회의와 보고서로 이뤄진다. 회의는 보고서를 기반으로 검토 과정을 거쳐 최종 결정을 내린다.

1차 보고서를 바탕으로 실천계획을 수립한 회의를 종료하면 다시 2차 보고서를 기안하며, 보고 담당 팀은 자료수집, 현장조사, 전문가 인터뷰, 통계분석에 착수한다. 즉 회의와 보고서는 물고 물리는 상호보완의 관계다.

보고서에는 일일보고, 주간보고, 월간보고, 기획보고, 현황보고, 결과보고, 정보보고, 출장보고, 착수보고, 중간보고, 실적보고 등 이루 헤아릴 수 없을 만큼 다양한 종류가 있다.

한마디 말로 좌중을 압도하는 사람이 있는가 하면, 오랜 시간 떠들어도 하품만 나오게 하는 사람도 있다. 보고서도 마찬가지다. 장황하게 길게 쓴 보고서가 의외로 실속 없는 경우가 많다. 논점과 결론이 일관되지 않고 이것저것 뒤섞어 보고서 분량만 채워놓은 경우가 대부분이기 때문이다.

보고서의 생명은 정확성과 명료함이다. 그리고 보고서의 최고 미덕은 간결함이다. 한때 많은 시간을 들여 세밀하게 작성한 두툼한 보고서가 우수한 것으로 평가받은 적이 있다. 그러나 의사결정 단계를 크게 축소한 현대 조직에선 창의적 결론을 앞세운 단순 명쾌한 보고서만이 대접받고 살아남는다.

바람직한 보고서는 어떤 것 일까?

첫째, 결론이 분명한 보고서이다. 보고받은 사람이 제일 궁금한 것은 보고서에 담긴 판단력과 대안 제시 능력이다. 즉 보고서가 논리적으로 분석한 최종 결론이 무엇이며, 실천 계획대로 추진할 경우 구체적인 성과가 무엇인지를 알고자 한다. 수십 쪽의 보고서를 읽고 나서도 "그래서 뭐가 어쨌다는 건가, 도대체 무엇을 해보자는 건가"라는 짜증만 나온다면 보고서는 상급자의 성미를 돋우는 실패작일 뿐이다.

보고서는 일반적으로 서두-결론-논거-과제의 4단계 순서가 보편적이다.

서두는 보고서를 작성하는 내외 상황을 전체적으로 조망할 수 있게 해줘야 한다. 숲과 계곡 전체를 두루 살펴 문제점이 무엇인지 명확히 드러내야 하는 것이다.

결론에서는 똑 부러진 해결책을 구체적으로 제시해야 한다. 추진할 경우 무엇이 변하고, 무엇이 변하지 않을 것인지 비교치가 나와야 한다. 객관적인 통계를 첨가하면 금상첨화다.

논거에는 결론과 목표 달성을 위해 무엇을 뒷받침해야 하는지를 담고, 동원해야 할 재정과 인력, 시간을 명기해야 한다.

향후 과제에는 미래에 대한 진단과 긴 호흡의 사업 전망을 담는다. 문제 해결을 위한 즉각적 돌입도 중요하지만, 내부 역량과 외부 환경을 진단하는 장기 전략을 곁들이면 보고서는 논리적 완결에 다가설 수 있다.

둘째, 짧고 굵은 보고서이다. 하나의 보고서엔 하나의 주제만 담아야 하며, 첫 문단 첫 문장에서 핵심을 찔러야 한다는 것은 상식이다. 삼성그룹, SK그룹, 포스코 등 대기업들은 보고서 '3스텝 3S 원칙'을 기본으로 한다. 1단계에서 보고 목적 및 결론을 제시하고, 2단계에서 근거와 논리를 뒷받침하며, 3단계에서 향후 실행계획을 구체화하는 것이다. 3S 원칙은 보고서를 핵심 위주로 짧고(Short) 쉽게(Simple) 구체적으로(Specific) 쓰라는 것이다.

보고자의 과욕과 형식주의가 긴 보고서를 낳는다. 긴 보고서는 보고받는 이의 시간과 에너지를 빼앗는다. 보고서를 작성하는 데 엄청난 시간을 썼다는 암묵적 과시일 뿐이다. 보고받는 사람이 짧은 시간에 상황 판단을 할 수 있게 도와주는 보고서가 '압축의 편집미학'을 발휘한다.

당신의 가슴속에서 꿈틀거리는 문제의식, 문제제기, 대안제시, 근거논리만 동원하고 나머지는 전부 다이어트하라. 거품이 낀 것은 장황하고, 진실한 것은 짧고 묵직하다. 연말 대선에 맞춰 수많은 잠룡이 자천타천(自薦他薦) 발호한다. 그들의 출사표인 대국민 보고서에 주목하라. 주절주절 추상적인 말만 가득한 시국진단서는 '속 빈 강정'이라는 자기 고백이며, 국민의 정곡을 찌르는 미래설계도를 제시했다면 그만큼 준비된 내공을 보여준 것이다. (김용길, 보고서 작성, 단순 명쾌하게 핵심만 담아라, 주간 동아, 2012년 5월 14일)

마쓰시타 고노스케는 "좋은 기술자일수록 못 한다고 구실을 대는 데 능한 이론의 명인이다"라며, 머리가 좋은 사람은 안 되는 이유부터 설명한다고 했다. 그는 불가능한 이유를 다음의 세 가지로 정리하였다.

첫째 ‖ 혼자서는 불가능하다.
둘째 ‖ 지금까지의 방식으로는 불가능하다.
셋째 ‖ 지금까지의 시스템으로는 불가능하다.

그는 이 불가능한 이유들을 반전시키면 가능한 근거로 바뀐다고 했다.

첫째 ‖ 프로젝트 팀, 전담 팀 등의 지혜를 모아 대처한다.
둘째 ‖ 방식을 바꾼다.
셋째 ‖ 조직 시스템, 구조 등에 원인이 있다면 개선한다. 경영자, 경영간부만이 개선할 수 있는 문제가 많다.

(나카지마 다카시 저, 김은숙 역, 마쓰시타 고노스케 실패의 왕에서 경영의 신으로, 한국표준협회 미디어, 2012년)

증삼살인(曾參殺人)이라는 고사성어가 있다. 공자의 제자이자 효행으로 이름 높은 증삼이 사람을 죽인다는 의미로, 곧 터무니없는 말이라도 여러 사람이 되풀이하면 믿지 않을 수 없다는 의미이다.

이는 '논어(論語)' 학이편(學而篇)에서 나온 말로 증자(曾子)가 한 말이다. 공자의 제자 중에 효행으로 이름 높은 증삼이라는 사람이 있었는데, 어느 날 증삼과 동명이인(同名異人)인 사람이 살인을 했다. 이 때문에 사람들은 증삼이 살인한 걸로 오해를 하게 되었고, 한 사람이 증삼의 어머니에게 뛰어와서, "증삼이 사람을 죽였습니다."라고 알려주었다. 그러자 증삼의 어머니는 "내 아들은 살인을 할 사람이 아니야."라고 말하고는 태연히 베틀에서 계속 베를 짰다. 조금 있다가 또 한 사람이 달려와서 "증삼이 사람을 죽였습니다."라고 해도 아들을 믿는 증삼의 어머니는 여전히 베를 짰다. 그런데 조금 후에 또 한 사람이 와서 같은 소식을 전했다. 증삼의 어머니는 그 말을 믿지 않을 수 없었고, 놀란 증삼의 어머니는 베틀에서 황급히 내려와 담을 넘어 도망갔다는 고사성어가 '증삼살인(曾參殺人)'이다.

증삼과 같은 도학군자(道學君子)라 할지라도, 또 그것을 굳게 믿는 어머니라 할지라도 세 사람이 같은 말을 되풀이할 때는 어쩔 수 없이 당하게 된다는 말이다. 그래서 아닌 거짓말을 퍼뜨려 남을 모해하는 것을 증삼살인이라고 하게 되었다.

9. 행동을 디자인하라

다음과 같은 상황을 상상해보자. 계산대 옆에 아이스크림 진열대가 있다. 뚜껑이 유리로 되어 안이 비치는 진열대다. 그런데 손님들이 계산을 기다리면서 그 위에 짐을 올려놓는 바람에 무게를 견디지 못하고 유리 뚜껑이 깨지고 말았다. 그래서 '짐을 올려놓지 마세요'라는 안내 문구를 써서 잘 보이게 붙여 놓았다. 하지만 아무런 효과가 없었다. 당연하다는 듯이 다들 그 위에 짐을 올려놓곤 했다. 그렇다고 해서 '아이스크림 진열대에 짐을 올려두지 마십시오'라는 방송을 반복한다면 매장 분위기가 악화될 것이다. 계산대 직원이 매번 주의를 주는 것도 번거롭고, 게다가 계산에 집중할 수도 없게 된다. 이런 경우에 어떻게 하면 좋을까? 고민하던 점주는 진열대 윗부분을 수평이 아니라 경사면으로 바꿔보았다. 그러자 아무도 짐을 올려놓지 않게 됐다.

인간은 수평으로 된 면을 발견하면 '물건을 올려두고 싶어지는 법'이다. '물건을 올려놓아도 될까?'라고 머릿속으로 생각하기도 전에, 수평으로 된 면이라는 형태가 인간에게 사용 방법을 알려주는 것이다.

미국의 심리학자 깁슨(James Jerome Gibson)은 '물건의 형태가 인간의 행동을 유도한다'는 개념에 행동유도성(affordance)이라는 이름을 붙였다.

어디에도 '벤치'라고는 쓰여 있지 않은데도 무릎 높이의 평면이 있으면 앉고 싶어지는 법이다. 볼펜을 딸깍거리는 버릇처럼 튀어나온 부분이 있으면 누르고 싶어지는 법이다. 재활용 정신이 투철하지 않더라도 쓰레기통에 동그란 구멍이 있으면 원통형인 캔이나 페트병을 넣고 싶어진다. 설령 '미세요'라고 쓰여 있더라도 문손잡이가 문고리 형태라면 무심코 잡아당기게 된다. 디자인이 불러일으키는 행동유도성은 말로 된 설명서나 주의사항보다 훨씬 강력하다. (스즈키 에이츠, 베리 심플, 더퀘스트, 2017년)

마쓰무라 나오히로(松村直宏)는 '행동을 디자인하다'라는 책에서 "문제를 해결하려면 무심코 움직이게 하라고 하였다. "우리가 맞닥뜨리는 문제의 대부분은 우리의 행동에서 비롯된다. 운동 부족을 해결하려면 스스로 운동을 하는 수밖에 없다. 환경 문제, 교통안전과 같이 집단행동이 일으키는 문제도 결국 개인의 행동이 모인 결과이므로, 개인들 스스로 행동을 바꾸면 집단의 문제 해결로 이어지게 된다."고 주장하였다.

표적 스티커를 붙인 소변기, 발자국을 그려넣은 무빙워크, 농구골대를 단 쓰레기통, 피아노 모양의 계단, 삼각형 두루마리 휴지 등 늘 마주치는 생활공간 속에 사람의 행동을 바꾸고 사회의 문제까지 해결할 수 있는 행동 디자인의 원리가 숨어 있다. (마쓰무라 나오히로 저, 우다혜 역 행동을 디자인하다, 로고폴리스, 2017년)

중국 양(梁)나라의 승려 우(祐)가 편찬한 '홍명집(弘明集)' 이혹론(理惑論)에는 대우탄금(對牛彈琴)이라는 말이 나온다. 소에게 거문고 소리를 들려주는 것과 마찬가지로 어리석은 사람에게 도리를 말해도 조금도 이해하지 못하므로 헛수고라는 뜻이다.

노(魯)나라의 공명의(公明儀)라고 하는 사람이 하루는 소를 향해 거문고를 켜주었다. 그런데 소는 거들떠보지도 않고 계속 풀을 먹고 있었다. 소가 못 들은 것은 아니다. 청각(淸角)이라는 고상한 곡조가 소귀에는 맞지 않기 때문이다. 그래서 이번에는 모기와 등애의 울음소리와 젖을 먹고 있는 송아지의 울음소리를 흉내 냈다. 그러자 소는 꼬리를 흔들면서 발굽소리를 내며 걸어 다니고, 귀를 세우고 그 소리를 다소곳이 들었다. 이는 소의 마음에 맞았기 때문이다.

즉, 대우탄금은 상대방이 받아들일 수 있는 방식으로 표현해야 하는 것의 중요성을 알려주는 고사성어이다.

어떻게 협력하게 할 것인가?

- 팀보다 위대한 선수는 없다

- 갈등 없는 조직은 없다

- 커뮤니케이션 능력을 키워야 한다

- 피해를 보고 있다고 생각하는 직원들은 어떻게 대할 것인가

- 긍정적인 에너지를 발산하여야 한다

- 회사를 배신한 직원도 할 말은 있다

- 직원의 작은 불만이 큰 화를 부를 수 있다

- 직장내 괴롭힘을 없애라

- 권한과 책임 관계를 분명하게 한다

- 성과를 창출하는 협업을 이끌어 내라

제4부

어떻게 협력하게 할 것인가?

1. 팀보다 위대한 선수는 없다

'팀보다 위대한 선수는 없다(No one is bigger than the team)'라는 말은 스포츠계에서 오랫동안 쓰이는 격언이다. 제아무리 뛰어난 선수라도 팀보다 우위에 있을 수는 없다는 이야기다. 팀은 구성원 모두의 힘이 모여야 비로소 완성된다.

미국 프로야구 메이저리그의 대표적인 명문 구단인 뉴욕 양키스는 유니폼에 등번호를 처음 붙인 팀이다. 양키스는 유니폼에 등번호 외에 선수 이름을 새기지 않는다. 개개인이 뛰어난 선수이기 이전에 모두 똑같은 양키스 팀의 일원이라고 여기는 전통 때문이다. 그래서 양키스는 수염도, 긴 머리도 인정하지 않는다. 양키스의 전통은 개인보다 팀워크, 철저한 규율, 불굴의 투지로 미국의 정신을 표상하고 있다.

나카지마 다카시(中島孝志)가 쓴 '마쓰시타 고노스케, 실패의 왕에서 경영의 신'이라는 책에는 히타치제작소와 파나소닉에 대한 이야기가 나온다. 히타치제작소는 일본 기업 중 박사 학위자가 가장 많은 기업으로 유명하다. 하지만 실적, 재무내용, 주가 등을 비교하면 파나소닉 쪽이 압도적인 우위에 있다. 그럼 파나소닉의 인재들이 히타치제작소보다 우수한가 하면 아마도 그렇지 않을 것이다.

도대체 무엇이 그런 차이를 만드는 걸까? 이에 대해 마쓰시타 고노스케는 다음과 같은 말을 남겼다.

"우리 회사는 한 명 한 명 모두 평범하지. 하지만 팀워크가 좋아. 그래서 비범한 종업원만 있는데도 통합이 안 되는 회사보다 강한 거야." (나카지마 다카시 저, 김은숙 역, 마쓰시타 고노스케 실패의 왕에서 경영의 신으로. 한국 표준협회 미디어, 2012년)

좋은 팀을 만들고 좋은 팀으로 이끌기 위해서 사장은 다음의 사항을 유의해야 한다.

첫째, 리더는 전체를 볼 줄 아는 사람이어야 한다.

회사는 서로 다른 생각을 가진 사람들의 집단이므로 크고 작은 마찰이 항상 있기 마련이다. 이런 구조 속에서 미션을 달성하기 위해서는 지정된 기간과 시간 안에 팀들에게 정확한 임무와 그에 대한 시간을 분배하는 것이 중요하다. 그렇기 때문에 리더는 우선 전체를 볼 줄 아는 사람이어야 한다. 리더는 각 팀의 인원과 구성에 대한 능력을 파악하고, 이에 입각해 작업 분배를 원활하게 해 팀원들의 능력을 최대한 발휘할 수 있게끔 해야 한다.

가끔은 리더 혼자서 모든 것을 다 하려고 하는 사람들이 있는데 대규모 프로젝트에서는 아주 위험한 발상이다. 그리고 많은 업무는 다른 팀들과 협력하여 작업해야하므로 각 리더는 문제 발생 시 문제 해결능력을 잘 할 수 있도록 끊임없이 커뮤니케이션하는 방법을 모색하고 개발해야 한다. 팀의 리더들이 프로젝트의 특성을 잘 파악하고 팀과의 커뮤니케이션 라인을 최대한 활용하는 것이 팀의 생산력을 높이는 방법이기도 하다.

둘째, 목표를 향한 균형이 유지되도록 팀을 세심하게 관찰해야 한다.

팀워크를 알려면 팀에 대해 먼저 생각해봐야 한다. 기업의 규모가 크든 작든 크기에 상관없이 규칙은 같다. 기업은 이미 치열한 경쟁 환경에 들어와 있으며 경쟁상대보다 조금이라도 나은 효율성을 확보하기 위해 애를 쓴다. 조직구조 역시 예외는 아니다. 최근에는 목표를 달성할 수 있는 최소한의 인력단위 구성으로 '슬림화', '다운사이징화'되어 가는 추세다. 다시 말하면, 목표를 달성하는 데 필요한 기능을 갖추면서 더 줄일 수 없을 정도 소수 인력만으로 조직이 구성되고 있다는 의미다.

팀은 기업에서 업무조직의 가장 일반적인 형태이며, 업무수행의 기본이 되는 단위 조직이다. 더 줄일 수 없는, 최적의 단위조직이기 때문에 어느 한 곳의 기능이 제대로 움직여 주지 않는다면 팀은 그 본연의 기능을 수행할 수 없게 된다. 팀워크가 중요한 이유가 여기에 있다. 팀은 너덧 개의 폴(Pole)로 세워진 텐트와 같다. 텐트를 성공적으로 세우려면 각 폴의 균형을 잘 맞춰야 한다. 부실한 폴 하나가 연쇄적인 부담이 되고 결국 텐트를 무너뜨리게 된다.

셋째, 당신의 팀을 정확히 1인치 앞 지점으로 이동시켜라.

알 파치노가 출연했던 '애니 기븐 선데이(Any Given Sunday)'라는 영화는 실질적 조직의 관리와 조직의 행동, 그리고 그 행동을 이끌어내는 리더십이 어떤 것인지를 잘 설명하고 있다. 이 영화에서 "한 번에 1인치씩, 한 번에 한 플레이씩 끝날 때까지 가는 거다. 우리 인생은 인치 게임이다. 풋볼도 마찬가지다."라는 명대사가 등장한다.

진정한 팀워크란 함께 터치다운 선을 바라보는 것이 아닌, 함께 1인치를 나가는 행동이다. 그렇기 때문에 팀 리더에게 요구되는 첫 번째 덕목은 '다음에 도달해야 하는 1인치 앞 지점의 발견'이다. 터치다운 지점은 알고 있지만, 바로 앞 1인치 지점을 무시하는 리더라면 그 팀은 결코 일직선으로 터치다운에 도달할 수 없을 것이고, 우연히 도착한다고 해도 지그재그로 혹은 가끔 후진을 하면서 달려왔기에 이미 너무나 많은 기회와 비용을 낭비한 셈이다. 리더가 정확한 1인치 앞 지점을 발견했더라도 그 지점으로 팀원들을 이동시킬 수 없다면 아무것도 아니다.

넷째, 팀원들과 목표를 공유하는 것이다.

리더는 충분한 커뮤니케이션으로 팀원들을 설득하고, 동기를 부여해야 한다.

> **다섯째, 방향성과 목적성을 정확히 잡아주어야 한다.**

리더는 항해에 나선 선장과 같다. 팀원들의 능력과 수고가 헛되지 않도록 목적에 맞게 잘 이끌어줌으로써 원하는 목적지에 잘 도착할 수 있게 하는 것이 리더의 역할이다. 이를 위해 배가 산으로 가지 않도록 방향성 혹은 목적성을 정확히 잡아주어야 한다. (위르겐 골트푸스 저, 배명자 역, 팀장의 역할, 비즈니스맵, 2011년)

미국 프로스포츠계에는 '유잉이론(Ewing Theory)'이라는 특이한 이론이 존재한다. 과거 스포츠 전문칼럼니스트였던 빌 시몬스(Bill Simmons)가 제시한 이론으로 '스타플레이어가 빠졌을 때 역설적으로 팀 성적이 잘 나온다'는 내용이 골자다. 빌 시몬스는 미국프로농구(NBA) 뉴욕 닉스에서 활약한 명 센터 패트릭 유잉(Patrick Aloysius Ewing)이 있을 때보다 없을 때 성적이 더 좋았다는 것을 상기시키며 이 이론을 제시했다. 우스갯소리로 치부할 수 있지만, 스타플레이어에 대한 의존도가 높은 팀은 전체적인 밸런스가 깨진다는 것을 의미한 말이다. (https://www.urbandictionary.com)

2. 갈등 없는 조직은 없다

피터 콜먼(Peter T. Coleman) 미국 컬럼비아대 경영대학원 교수는 직장에서 평등하지 않은 관계에서 일어나는 불화·갈등에 주목했다. 그리고 '갈등을 조정하는 방법(Making Conflict Work)'이라는 책을 통해 지위

차이가 나타나는 사람들 간 갈등 관계를 효과적으로 해결할 수 있는 방법을 제시하고 있다. 콜먼 교수는 "갈등이 권력을 하나의 압력 도구로 만들고, 또 권력의 불균형 자체가 갈등을 일으키기도 한다"고 주장했다. 또 그는 "갈등 자체는 우리 일상에서 자연스러운 현상이기 때문에 이를 피하려 하기 보다는 어떻게 잘 해결하느냐에 항상 집중해야 한다"고 말했다.

권력과 갈등은 매우 밀접하게 연관돼 있다. 사람들은 자신이 갈등에 놓여 있을 때 순간 자신이 어떤 상황에 처해 있는지 깨닫는다.

갈등은 권력의 차이에 집중하게 만든다. 거꾸로 권력의 차이와 변화는 갈등을 일으키기도 한다. 예를 들면 승진이 시기와 분노를 야기하고 어떤 때는 이 같은 시기와 분노가 갈등으로 이어진다.

갈등과 권력이 어떻게 상호 영향을 미치는지 이해하는 것은 갈등을 조정하는 데 매우 효과적이다. 관리자들의 시간 중 25~40%가 불만이 쌓인 이사진, 고객, 직원들과 갈등을 빚는 데 소요되기 때문에 현 조직문화에서 갈등을 조정하는 데 투자를 하지 않는 것이 오히려 더 해롭다. (Peter T. Coleman, Robert Ferguson, Making Conflict Work: Harnessing the Power of Disagreement, Mariner Books, 2015, 갈등 없는 조직은 없다, 피터 콜먼 컬럼비아대 MBA 교수가 말하는 갈등 조정법, http://orion.mk.co.kr/, 2016년 2월26일)

회사의 사장들을 만나 보면 직원들끼리 싸우는 것 때문에 골치 아프다는 이야기를 많이 듣는다. 조직 내 갈등을 방치하면 조직원 간에 신뢰가 무너지고 조직의 목표를 달성하지 못하는 것은 물론, 조직 자체가 와해될 수도 있다. 조직 갈등에는 여러 원인이 있을 수 있겠으나, 조직의 자원이 충분함에도 불구하고 갈등이 지속되고 성과가 없다면 우선 업무분장을 살펴볼 필요가 있다. 업무량이 한쪽으로 편중돼 있거나, 업무의 중요도를 고려하지 않고 업무분장이 이뤄지면 조직원들의 불만이 쌓일 수 있기 때문이다. 따라서 업무분장과 관련해 다음의 몇 가지만 유념해 추진해도 금방 효과를 거둘 수 있다.

첫째, 조직이 해야 하는 업무를 빠짐없이 기록해 본다. 누락되는 것 없이 세부적으로 업무를 총망라한 후, 관련 업무끼리 묶어 분류한다.

둘째, 인력상황에 맞춰 업무량을 공평하게 배분한다. 주의할 것은 아무리 관리자가 업무를 잘 안다고 해도 임의로 업무를 배분하면 안 된다는 점이다. 직원들이 직접 배분과정에 참여하면 자연스럽게 공평성을 확보할 수 있다.

셋째, 조직원들의 직급과 적성을 살펴 개인별로 업무를 분장한다. 이것도 직원들의 보직 희망을 반영해 분장을 하는 것이 좋다. 승진을 앞두고 있는 고참 직원에게 중요도가 높은 업무를 분장해야 하며, 이를 토대로 근무평정이 이뤄진다는 것을 조직원들이 공유할 필요가 있다.

여기까지 직원들의 참여 하에 추진된다면, 어느 정도 조직의 신뢰를 회복할 수 있다. 그러나 다음 몇 가지 사항을 함께 실시해야 조직의 신뢰를 지속적으로 이끌어낼 수 있다.

첫째, 개인별 업무처리 매뉴얼을 작성한다. 이를 통해 업무처리 과정 정리는 물론 업무의 우선순위와 중요도 등을 사전에 결정할 수 있어 효율적인 업무처리가 가능하다. 여기에는 다른 직원의 협조사항도 명시해야 하며, 업무 관행과 비하인드스토리 등도 비공식적으로 담아두면 후임자가 참조할 수 있다.

다만 처음부터 너무 욕심을 부려 완벽한 매뉴얼을 만들기보다 서서히 완성해 간다는 생각으로 진행하는 것이 좋다.

둘째, 업무진행 상황을 정기적으로 점검한다. 매뉴얼에 따른 진행 상황을 파악하고 조직 전체의 입장에서 피드백을 한다. 사전에 점검 일자를 정해두는 것이 효율적이다.

셋째, 업무 실적 평가를 공정하게 한다. 특별한 사유가 없는 한 업무분장 당시 정한 기준대로 평가를 해야 신뢰를 쌓을 수 있다. 마지막으로 중요한 것은 이러한 과정을 주기적으로 실시해야 한다는 점이다. 6개월에서 1년마다 이러한 과정을 반복해 진행해야 한다.

조직의 갈등을 풀 실마리는 거창하지 않다. 업무분장에서 처리, 평가까지 투명하고 공정하게 이뤄진다면 조직 내 갈등이 해소됨은 물론 기대 이상의 업무 성과를 거둘 수 있다. 업무배분만 잘 해도 그 조직은 성공으로 가는 길을 찾은 셈이다. (이철희, 갈등을 없애는 합리적인 업무배분, 충청투데이, 2015년 3월 17일)

갈등을 해결하기 위해서는 갈등 인정하기, 사람이 아닌 문제에 집중하기, 솔선수범하기 등의 조치가 필요하다. 그러나 사람은 생각이나 습관을 쉽게 바꾸려 하지 않는다는 것을 이해하여야 한다. 변화면역(Immunity to Change)이라는 말이 있다. 습관을 바꾸지 않으면 죽을 수도 있다는 의사의 경고에 주의를 기울이는 환자는 일곱 명 중 한 명에 불과하다고 한다. (로버트 케건, 리사 라스코우 라헤이 공저, 오지연 역, 변화면역: 우리가 변화하지 못하는 진짜 이유, 정혜, 2012년)

기무라 나오노리(木村 敬)는 책 '최고의 리더는 어떻게 변화를 이끄는가'에서 무기력에 빠진 조직을 바꾸기 위해서 생산적 소통을 가로막는 상호 불가침 조약을 없애라고 서술한다.
팀장들 간의 회의에서 서로에게 직접적으로 '그렇게 일을 처리해 버리면 회사에 막대한 손해를 입히게 될 것입니다'라고 말하지 않으면서 정작 회의에서 돌아온 뒤 자신의 부하직원들에게 '그 사람은 늘 변명만 늘어놓는다니까'라는 식으로 뒷말을 하는 경우가 발생하지 않도록 해야 한다는 것이다.
팀장의 이야기가 팀 전체에 퍼지면 직원들은 다른 팀에 근무하는 동기에게 '우리 팀장이 이런 말을 하던데'라며 알음알음 말을 옮긴다. 이를 전해들은 직원이 다시 자신의 상사에게 말을 전하는 소통방식을 U자형 커뮤니케이션이라고 한다. 상호 불가침조약이 만연해 있는 조직에서 발생하는 현상으로 이는 조직의 생산적인 소통을 저해하는 가장 큰 요인이 된다는 것이다. (기무라 나오노리 저, 이정환 역, 최고의 리더는 어떻게 변화를 이끄는가, 다산북스, 2018년)

사일로 효과(Organizational Silos Effect)는 부서가 서로 교류하지 않고 담을 쌓은 채 내부 이익만 추구하는 현상을 말한다. 소니는 사업부가 별도의 독립회사의 힘과 권한을 가질 수 있는 컴퍼니제도를 도입하였으나 사일로 효과로 회사의 생산성이 저하되는 상황을 맞이하였다.

동료 직원과 싸우는 직원에게는 승부란 더 나은 삶을 위한 것이어야 한다는 사실을 알려줘야 한다. 승부는 무조건 이기기 위함이 아니며, 또 그게 전부도 아니라는 사실을 가르칠 필요가 있다. 이기려고만 하는 승부는 아무 것도 아니다. 이겨봤자 상처뿐인 영광인 것이다. 피로스(Pyrrhic Victory)의 승리와 같이 많은 희생적 비용의 대가를 치르는 승리는 최종적으로 패배와 다름없다.

산이 아름다워 보이는 것은 멀리 떨어져 있기 때문이다. 산에 올라 산을 다시 보면 아름답지 않은 많은 것들이 보인다. 예전에 아름다웠던 사람이 더 이상 아름다워 보이지 않는다면 당신과 그 사람이 그만큼 더 가까워졌기 때문이다. 즉, 입장을 바꾸어 보면 이해할 수 있게 된다. 마키아

벨리(Niccolò Machiavelli)는 높은 산을 묘사하기 위해서는 낮은 곳에서 올려다 본 풍경이 필요하다고 하였다. 3M은 직원의 갈등 관리를 위해 몇 년에 한 번씩 엔지니어 부서를 이동시킨다.

구소련 과학자 가우스(Gauss)는 흥미로운 실험 결과를 통해 가우스이론(Gauss's Theorem)을 제시했다. 그는 작은 생물 실험을 하였는데, 같은 과(Family)의 종(Species)이 다른 두 마리 원생동물을 제한된 음식과 함께 두면 서로 협력하지만, 같은 종의 두 생물은 동일한 음식을 두고 서로 싸우다 죽는다는 내용의 실험 결과를 제시했다. 요컨대, 생존을 위한 경쟁은 동일한 종의 개체들 사이에서 가장 치열하다는 것이다. 조직 내 직원들 또한 서로 비슷하기 때문에 갈등이 발생한다고 본다.

로마 사람들은 부부싸움을 하면 비리프라카(Viriplaca) 여신의 신전을 찾았다. 신전에 싸움을 중재하거나 해결책을 제시해주는 사람이 있는 것은 아니다. 다만 이 신전에서는 부부 중 한 명이 말하며 뱉어 낼 때 다른 한 명은 침묵해야 한다. 그렇게 한 사람의 이야기가 끝나면, 다른 한 사람이 이야기를 시작한다. 이렇게 속에 있는 말을 하다 보면 상대에 대한 증오가 어느 정도 증발된다고 한다. (시오노나나미 저, 김석희 역, 로마인 이야기, 한길사, 2007년)

사사건건 반대하는 직원들이 있다면 다음 방법을 써 볼 필요가 있다. 프로젝트에 찬성하는 직원에게는 반대하는 이유 3가지를 들게 하고, 프로젝트에 반대하는 직원에게는 찬성하는 이유 3가지를 들게 하라.

'당신이 만족하고 있는 것, 불만족 하고 있는 것, 권한이 주어진다면 어떻게 할 것인가?'와 같은 질문을 던져 답하게 하는 것도 좋은 방법이다.

제갈량은 처세술에서 분조위마(分槽㘵馬), 즉 천리마 두 마리에게는 한 먹이통을 주지 않는다고 하였다. 자오위핑(趙玉平)은 "마음을 움직이는 승부사 제갈량(원제: 向諸葛亮借智慧)에서 제갈량의 인재관리에 관한 네 가지 성공책략을 소개하고 있다. 이 네 가지는 방수양어(放水養魚: 물을 풀어 고기를 키운다), 분조위마 합조위저(分槽㘵馬 合槽㘵猪: 먹이통을 나누어 천리마를 기르고, 먹이통을 합해 돼지를 키운다), 축소인봉(築巢引鳳: 둥지를 만들어 봉황을 끌어들인다), 궁신접수(躬身接水: 물을 얻으려면 목을 숙여야 한다)이다. (자오위핑 저, 박찬철 역, 마음을 움직이는 승부사 제갈량, 위즈덤하우스, 2012년)

중국 당나라 시인 백거이(白居易 772~846)의 '대주(對酒)'라는 시를 읽게 하는 것도 좋을 것이다.

> 蝸牛角上爭何事
> (와우각상쟁하사, 달팽이 뿔 위에서 싸움은 웬 일인가)
>
> 石火光中寄此身
> (석화광중기차신, 부싯돌 번쩍이는 찰나 같은 인생인데)
>
> 隨富隨貧且歡樂
> (수부수빈차환락, 부유하건 가난하건 그런 대로 즐겁거늘)
>
> 不開口笑是痴人
> (불개구소시치인, 입 벌려 못 웃는 자 이 또한 바보일세)

위 구절은 백거이가 장안에서 형부시랑 벼슬할 때 지은 대주라는 제목의 다섯 수의 시 중 하나로, 장자(莊子)에 나오는 달팽이 우화와 도척과 공자의 일화를 빌려 지은 시이다. 시에서는 어차피 짧은 인생인데 대범하고 낙천적으로 살라고 권한다. 마음 맞는 친구와 술잔을 마주할 때 권주가로 읊조리기에 어울리는 시이긴 하지만 이 시 속에 담긴 뜻은 매우 심오하다.

3. 커뮤니케이션 능력을 키워야 한다

사람과의 소통에서 핵심은 자신의 의도를 제대로 표현하는 것이다. 숨어 있는 의도보다 드러난 표현 방법이 상대에게 더 큰 영향을 미치기 때문이다. 자신이 한 말에서 상대가 무엇을 느끼는지에 대해 아무 관심이 없는 것은 정서적 문맹이라고 할 수 있다.

나의 의도가 좋을수록 어떻게 표현해야 나의 의도를 왜곡하지 않고 전달할 수 있을지에 대해서 고민해야 한다. 인간은 좋은 의도가 있을 때 자기도 모르게 도덕적 우월감을 갖는다. 진심으로 상대를 걱정하는 마음이 있으니 떳떳한 것이다. 그러나 아무리 의도가 선하다고 한들, 누구에게도 상대방을 함부로 대할 수 있는 권한이란 없다. 좋은 의도가 있다면 마땅히 바른 표현 방법을 사용해야 상대가 납득하기 쉬울 것이다.

기업에서 침묵은 금이 아니라 싸늘함이다.

커뮤니케이션 능력에 있어 잘 표현하는 능력과 함께 잘 듣는 능력도 중요하다. 잘 듣는 사람과 적당히 듣는 사람 간에는, 나중에 놀라울 정도로 차이가 생긴다. 사람은 듣는 사람을 향해 말하기 마련이니까.

화자는 '이 사람은 내 이야기를 잘 듣고 있구나'라고 생각하게 되면, 그 사람에게 어떤 이야기라도 하게 된다. 당신이 청자라면, 상대의 말을 잘 듣기를 바란다. 상대의 말을 잘 듣다 보면 말 그 자체를 듣는 것뿐만 아니라 말 속에 있는 기분까지 들을 수 있기 때문이다.

레이먼드 조(Raymond Joe)의 '관계의 힘'이라는 책을 통해 커뮤니케이션에 있어 듣는 것의 힘을 강조한다.

"듣는다. 어쨌든 듣는다. 열심히 듣는다. 무시하지 않고 듣는다. 이미 아는 말이어도 듣는다. 들을 게 없는 말이라도 듣는다. 재미없는 말도 듣는다. 잠자고 있는 사람에게도 듣는다. 시선을 맞추며 듣는다. 좋은 자세로 듣는다. 귀 기울여 듣는다. 듣는 것은 무엇보다 중요한 일이다. 누구라도 할 수 있지만 잘하는 사람은 아주 적다. 보는 것은 애정이요, 듣는 것은 존경이다. 들어주는 것만으로 상대는 마음을 연다. 듣는 사람이 있다는 것만으로 상대는 기쁜 법이다. 듣는다는 것, 아주 대단한 일 아닌가? 지식은 말하려 하지만. 지혜는 들으려 한다." (레이먼드 조, 관계의 힘, 한국경제신문사, 2013년)

'대화의 3,2,1 법칙'은 3분 경청, 2분 맞장구, 1분 말하기라고 한다.

상대와 말할 때는 Only One Not Other로, 기분은 직구로, 협상은 변화구로 구사하라. 상대가 불만을 이야기할 때는 대화 속도를 늦추고, 관심을 보일 때는 한 걸음 물러나라. 대화의 마지막은 항상 희망적으로 매듭지어라. 대화하고 소통하기 위해 필요한 건 언어가 아니라 공통분모이다. (정영주, 서비스 리더십, 좋은땅, 2014년)

일본의 오마에 겐이치(大前⍰一)는 책 '난문쾌답'에서 인간을 바꾸는 세 가지 방법으로 시간을 달리 쓰는 것, 사는 곳을 바꾸는 것, 새로운 사람을 사귀는 것을 이야기했다. 이 세 가지 방법이 아니면 인간은 바뀌지 않는다는 것이다.

시간을 달리 쓰라는 말은 변화를 의미한다. 과거와 다른 방식의 행동을 하라는 거다. 그게 무엇이든. 어제와 같은 오늘을 반복하는 것으로는 어떤 변화도 있을 수 없다. 뭘 하든 기존 방식에서 탈피해야 한다. 여기서 제일 흥미로운 건 새로운 결심을 하지 말라는 거다. 오마에 겐이치는 우리가 평소 변화에서 매우 중요한 요소라고 생각하는 게 실제로는 가장 무의미하다고 역설한다.

사는 곳을 바꾸라는 건 환경을 바꾸라는 의미이다. 올빼미형 인간도 훈련소에 입소하면 아침에 일찍 일어날 수 있듯 환경이 달라지면 누구든 강제로 변화하게 된다.

새로운 사람을 사귀라는 건 기회를 찾으라는 뜻이다. 사람이 하는 일이란 언제나 사람으로부터 기회를 얻음으로써 시작된다. 새로운 기회를 찾으려면 새로운 사람을 사귀는 수밖에 없다. 만나는 사람이 달라지면 하는 일과 방식도 달라진다. (오마에 겐이치 저, 홍성민 역, 난문쾌답, 흐름출판, 2012년)

회사에서 커뮤니케이션이 잘 되지 않는다면 자리를 바꾸는 것도 한 가지 방법이 될 것이다.

4. 피해를 보고 있다고 생각하는 직원들은 어떻게 대할 것인가

현대인들은 본인의 인지여부와 상관없이 생각보다 많이 정신적인 문제를 가지고 있다고 한다. 이러한 문제 중 가장 익숙한 것이 바로 피해의식(Victim Mentality)이다. 피해의식의 사전적 의미는 자신의 생명이나 신체, 재산, 명예 따위에 손해를 입었다고 생각하는 감정이나 견해를 일컫는다. 피해의식은 실제 그러한 피해의 발생 여부와는 상관없이 느끼게 되므로 감정적 오해와 갈등, 스트레스를 심화시키는 원인이 된다.

특히 피해의식은 개인적으로 과거의 경험에 따른 트라우마(Trauma) 때문에 발생하는 경우가 많다고 한다. 즉 과거 피해를 본 경험이 지속적으로 정신적인 충격으로 남아있기 때문에 유사한 환경이나 상황, 조건이 갖춰진다는 생각이 들면, 자신이 피해를 보고 있다고 속단하게 된다는 것이다. 또한 인정받고 싶다는 욕구에 따른 집착과 정신적 여유 부족으로 인한 현실감 상실, 그리고 상황 통제권에 대한 갈망에 따른 조급함, 압박감 등도 원인이 된다고 한다.

물론 학술적으로야 이외에도 피해의식이 작용하는 복잡한 기제(機制)가 존재하겠지만, 일반적으로는 열등감이나 낮은 자존감이 피해의식을 확산

시키는 원인이 된다고 보는 견해가 많다. 그래서 소수자, 빈민계층 등 사회적 약자들일수록 피해의식이 생길 가능성이 높다는 것이다.

 피해의식에 빠진 사람은 정신적 편향성을 지니게 된다. 다시 말해, 특정 관점을 고수하기 때문에 명확하게 옳고 그름을 판단하기 힘들게 된다. 또한 이러한 정신적 편향성은 모든 일들에 대해 편협한 확증 편향적 사고를 불러온다. 그 사람의 모든 사고는 비논리적으로 전개되며 본인의 감과 느낌에만 의존하게 된다. 자신의 생각이 틀리다는 사실 또한 절대 인정하지 않는다. 아울러 판단의 근거 역시 자신의 생각에 일치하는 것만 편집적으로 수렴하기 때문에 비합리적 판단과 행동을 지속하게 되며, 당연히 결과 역시 만족스럽지 못하기 때문에 만성적인 분노와 정신적 피로감에 시달린다.

 그래서 피해의식에 휩싸인 사람은 예민하고 감정적으로 흥분상태가 지속되며, 주변에 부정적인 감정을 지속적으로 발산하게 된다. 또 원하는 결과를 확보하는 과정을 힘의 논리로 간주하고, 어떠한 이유에서건 이겨야만 된다고 생각한다. 극단적인 경우에는 본인의 피해의식을 합리화시키기 위해 거짓말도 하며, 공격적 행동을 표출하기도 한다. 이러다 보니 피해의식이 심한 사람은 대인관계가 원만하지 못하고, 심지어 남에게 피해를 주기도 한다.

 그런데 피해의식은 꼭 인간 개개인에게만 존재하는 것이 아니다. 집단이나 조직에도 피해의식이 존재한다. 물론 그 시발점은 집단, 조직 내 개인의 피해의식 발산에 따라 다른 구성들이 피해의식에 전염되는 경우가 대부분이다. 시간이 지나면서 구성원들이 동일 혹은 유사한 생각과 판단

기준을 공유하면서 확산, 강화된다. 피해의식이 전염되는 것이다. 이러한 집단적 피해의식은 민간기업, 공공기관, 특정지역뿐만 아니라 심지어 국가 전체로까지 확산되기도 한다. (김휘규, 매일신보, 2019년 12월 11일)

피해의식이 과도한 사람들의 특징은 다음과 같다.

첫째, 모든 상황이 자신에게 불공정하고 불리하다고 생각한다. 오로지 자신만이 자신을 특별히 여길 뿐 타인은 그에게 관심이 없음에도 자신을 제외한 사람들 모두가 자신이 처한 상황을 만들어 놓았다고 생각한다.

둘째, 사람들을 명백하게 이분법적으로 나누는 경향이 있다. 자신은 피해자이거나 그렇게 될 가능성이 높은 존재이며 타인은 악의적인 피해를 주는 가해자 또는 잠재적 가해자라고 생각한다. 그렇기 때문에 타인이 진실을 말해주더라도 믿지 않는다.

셋째, 자기를 진실되고 호의적으로 대하는 사람조차 가해자로 간주한다. 겉으로 드러나는 것과 다르게 의도를 품고 자신에게 접근했다는 생각을 가지고 있다. 오로지 자신을 보호하는 것은 자신뿐이며 타인에 대한 의심의 끈을 놓지 않는다.

넷째, 피해의식에 사로잡혀 타인과의 공감과 소통을 할 수 없다. 피해의식 자체가 부정적인 사고편향을 가져오기 때문에 생활전반이 우울해지고 외로운 존재가 되어 버린다.

피해의식의 극복은 다음과 같다

첫째, 피해의식을 인정하는 것이다. 우선 자신이 피해의식에 둘러싸여 있다는 것을 용기 있게 받아들여야 한다. 피해의식이 있다고 정직하게 인정하면 비로소 피해의식을 초월할 수 있다. 나의 피해의식을 의식하고 있기에 상황을 담담하게 받아들일 수 있기 때문이다. 가령 누군가 '요새 얼마나 벌어?'라고 한다면 '너는 얼마나 벌기에 그딴 질문을 하냐? 돈이 세상의 전부냐!'가 아닌 '당연히 못 벌지. 그러니 밥은 니가 사라'라고 초월해 버릴 수 있는 것이다.

둘째, 나는 세상의 일부분일 뿐이다. 내 자신은 좁게 보면 특별하지만 넓게 보면 특별하지 않은 존재이다. 이걸 인정하고 받아들여야 한다. 실제로 세상 사람들은 내가 누구이고 무엇을 하는지에 전혀 관심이 없다. 길거리에서 쳐다본다고 하더라도 그 순간뿐이다. 실제로 자신을 투영해 곰곰이 생각해보라. 엊그제 길에서 본 사람이 기억나는가? 혹여 기억에 날만한 사건이 있었어도 그게 나와 관계된 일이 아닌 이상 사건 당사자의 얼굴조차 잘 기억이 나지 않을 것이다. 이를 받아들이게 되면 타인으로부터 느끼는 피해의식은 나를 겨냥한 게 아니란 걸 깨닫게 된다.

피해의식을 가진 사람이 이를 인정하고 나는 세상의 일부분일 뿐이라고 받아들일 용기가 있다면 사실과 실제 상황, 타인의 태도가 진실인지 확인해 보기만 하면 된다. 사실여부를 확인해 보려는 노력도 않은 채 막연히 부정하고 배척할 필요는 없다는 말이다.

사람들은 저마다의 삶의 문제로 분주할 뿐이다. 특별한 개인에게 신경쓸 여유가 없다. 그 어느 누구도 누군가의 자존심을 밟거나 누군가의 상처와 아픔을 들추어 낼 생각으로 살지 않는다. 피해의식에는 실제로 가해자가 없다. 남은 인생을 행복하게 살지 우울하게 지낼지는 본인의 용기에 달려있다. (야야 헤릅스트 저, 이노은 역, 피해의식의 심리학 - 피해자의 역할에서 벗어나는 법, 양문, 2005년)

전미개오(轉迷開悟)는 불교용어로 어지러운 번뇌에서 벗어나 열반의 깨달음에 이른다는 뜻이다. 전미개오(轉迷開悟)의 마음을 알기 위해서는 타인이 아닌 내 자신을 잘 들여다봐야 한다.

우리는 누구누구 때문에 힘든 것이 아니라, 내 마음의 무엇무엇 때문에 고통을 받는다. 그것을 바라보지 못하고 자꾸 어리석음의 마음이 진실인 양 그것을 신념화시켜버린다. 진실과 진리는 나를 포함한 그 모든 것을 자유롭게 해줌을 말한다. 저항이 되고 다툼이 되고 싸움이 된다는 것은 내 식대로 상대를 바꾸려는 마음이다. 그것은 단지 내 욕심일 뿐이지 올바른 마음상태는 아닐 것이다.

서커스단의 코끼리에 대한 이야기가 있다. 코끼리는 전봇대를 아주 쉽게 코로 말아 올릴 엄청난 힘이 있다. 그러나 서커스를 보면 신기하게도 거대한 코끼리는 조그만 말뚝에 매여 꼼짝도 하지 않고 앉아 있다. 언제든지 사슬을 끊거나 말뚝을 부러뜨리고 벗어날 수 있을 것 같은데 코끼리는 결코 그렇게 하지 않는다. 도대체 코끼리는 왜 그렇게 바보같이 꼼짝없이 매여 있는 것일까?

서커스단 사람들의 말에 따르면 코끼리는 아주 어렸을 때 서커스단에 데려오는데, 처음 왔을 때는 무지막지한 쇠사슬과 쇠말뚝에 묶어 놓는다고 한다. 힘으로는 도저히 벗어날 수 없도록 말이다. 어린 코끼리는 쉬지 않고 계속 사슬을 잡아당겨 보다가 아무 소용이 없음을 깨닫게 된다. 그리고 결국에는 아무리 얄팍한 줄이라도 일단 다리에 감기기만 하면 벗어날 수 없다고 생각하는 것이다.

이것이 서커스 코끼리들이 작은 말뚝이나 허술한 밧줄에 매여 있어도 도망치지 못하는 이유이다. 이제는 완전히 성장하여 힘이 몇 배나 강해지고, 자기를 묶어 놓은 사슬이나 말뚝은 그야말로 있으나마나 한 것임에도 불구하고 사슬에서 벗어나려는 생각을 포기한 지 오래된 코끼리는 그렇게 무기력하게 묶여 있을 수밖에 없다. 그러니까 실제로 코끼리는 물리적인 사슬에 묶여 있는 것이 아니라 자기 마음속의 사슬, 관념적인 사슬, 체념의 사슬에 묶여 있는 것이다.

사람도 마찬가지이다. 생생하고 뚜렷한 비전이 없기 때문에 이 세상 대부분의 사람들이 코끼리처럼 마음의 사슬에 묶여 자유를 잃은 채 살아가고 있다. 엄청난 힘을 가지고 있으면서도 그 힘을 제대로 써 보지도 못한 채 그냥 사그라지는 모습으로 살아가고 있는 것이다. 몇 번의 실수나 실패, 또는 여러 가지 사회적인 제도나 관행으로 인한 좌절의 경험 등이 그러한 마음의 사슬을 만들어 낸다.

한비자(韓非子)는 '외저설' 좌상(外儲說左上)편에서 "서로 상대방을 위해 무엇을 한다는 생각에서 출발하면 결국 기대에 어긋나 서로 책망하게 되지만, 자신을 위해서 일한다고 생각하면 일이 되레 잘 진행된다(夫狹相爲則責望 自爲則事行)"고 하였다.

5. 긍정적인 에너지를 발산하여야 한다

긍정의 언어로 말하라. 한 사람의 언어는 그 사람의 프레임을 결정한다. 따라서 프레임을 바꾸기 위해서 꼭 필요한 일은 언어를 바꿔 나가는 것이다. 특히 긍정적인 언어로 말하는 것이 반드시 필요하다. (최인철, 프레임: 나를 바꾸는 심리학의 지혜, Book21 Publishing Group, 2007년)

보스턴 셀틱스의 릭피티노(Rick Pitino) 감독은 "나는 하루 중 98%는 내가 하는 일에 대한 긍정적인 생각을 한다. 그리고 나머지 2%는 어떻게 하면 긍정적이 될 수 있을까 생각한다."라고 말했다. 내가 행복하면 내 친구가 행복할 확률이 15퍼센트 증가한다. 겉으로 티가 나지는 않겠지만, 부하직원들은 리더의 사소한 말과 행동에 귀를 기울이고 있다. 태풍이 왔을 때 선원들은 선장의 얼굴만을 본다는 말을 명심하라.

오렌 하라리(Oren Harari)가 쓴 '콜린 파월(Collin Powell)의 행동하는 리더십'에서 등장하는 '콜린 파월의 법칙' 중에 '지속적인 낙천주의는 힘을 증가시킨다(Perpetual Optimism is a Force Multiplier)'라는 내용이 있다. 리더의 열정과 낙관주의가 일으키는 파문은 실로 엄청나다는 의미이다. 마찬가지로 리더가 불평하고 비난하면 그의 동료들도 똑같이 행동한다고 하였다. (오렌 하라리 저, 조병호 역, 콜린 파월의 행동하는 리더십, 교보문고, 2004년)

웅진그룹 윤석금 회장은 '사람의 힘'이라는 책에서 "세일즈맨 자신이 먼저 행복해야 한다. 행복은 내 안에서 만들어져야 한다. 행복을 측정하는 기준은 간단하다. 지금 종이에 좋아하는 사람과 싫어하는 사람의 이름을 써 보는 것이다. 좋아하는 사람의 이름을 많이 쓸 수 있으면 행복한 삶이고, 싫어하는 사람이 더 많으면 불행한 삶이다."라고 하였는데 공감이 가는 이야기이다. (윤석금, 사람의 힘, 리더스 북, 2018년)

오마타 간타(小マタ 貫太)가 쓴 책 '돈 버는 기술'에서는 일본의 손꼽히는 부자 중 한 명인 사이토 히토리에 대한 이야기가 나온다. 사이토 히토리는 "장사는 즐거운 모험"이라면서 다음과 같은 이야기를 한다.

어려움은 반드시 극복할 수 있다. 역경에 감사하는 자세로 일하라. 해결하지 못할 어려움은 없다. 매일매일이 수확하는 날이다. 늘 상인의 자세로 생각하고 행동하라. 세상을 위해 일하면 돈이 따라 온다. 물건을 팔면서 머리를 숙이지 마라. 생각을 바꾸면 불황은 없다. 좋은 것끼리 합치면

곱하기가 된다. 남의 도움을 자신의 실력으로 만들어라. 긍정적인 말을 계속하면 세상이 변한다. (오마타 간타 저, 이명숙 역, 돈 버는 기술, 신원문화사, 2003년)

 긍정의 에너지를 발산하면서 직원들에게 동기를 부여하기 위해서는 어떻게 해야 할까?

 첫째는 '관심 보여주기'이다. 이름 불러주기, 입사 1주년을 기억해 주기, 성장을 포함해서 가장 고민하는 데 관심을 보여주기 등 직원 한 사람 한 사람에게 좋은 동료로, 선배로, 사장으로 함께하는 것이다. 혹시 직원들이 회사 내에 닮아갈 역할 모델이 없어 고민하고 있지는 않은지 살펴보고, 좋은 동료와 닮고 싶은 선배들이 있도록 팀을 구성해 주는 것이 중요하다.

 둘째는 '기대해주기'이다. 스스로 발견하지 못한 직원의 가능성을 이야기해주고, 본인이 스스로에게 기대하는 것보다 더 큰 기대를 전해야 한다. 이는 그에게 적합한 일을 맡겨 책임지는 경험을 제공함으로써 성취감을 맛보게 하고, 현재의 능력보다 좀 더 큰 도전의 자리를 제공해서 성장을 촉진시키는 기회를 제공하는 것이다.
 셋째는 '감사하기'이다. 돈으로 하는 보상은 효과가 크지만 오래가지 않는다. 소중한 인생의 시간을 당신의 회사와 함께하며 최선을 다하는 그의 노력과 수고에 대해 진심에서 우러나오는 감사를 전하라. 때로는 개인적으로, 때로는 공개적으로 직원을 인정하고 감사를 전하라. 물론 적절한 보상을 겸할 때면 더욱 효과가 크다.

  무엇보다 자기 동기로 일하게 하는 것이 가장 효과적이다. 외부의 인위적인 주입으로는 해결할 수 없으며, 상호 관계 속에서 스스로 알을 깨고 나오는 자기성찰이 필요할 것이다. 그렇기에 직원을 대할 때, '직원들'이라는 단체를 대하는 시각이 아닌 한 사람을 인격적으로 만나는 것이 무엇보다 중요하다. (주상용, 사장 교과서, 라온북, 2019년)

  역학에서 선의 기능과 역할은 대단히 명쾌하다. 공자가 주역(周易)의 내용을 설명하기 위해 첨부한 주석 중 하나인 문언전(文言傳)에 '적선지가 필유여경, 적불선지가 필유여앙(積善之家 必有餘慶, 積不善之家 必有餘殃)'이라는 글귀가 나온다. 이 구절은 '착한 일을 많이 하여 선을 쌓은 집에는 반드시 경사(慶事)가 있고, 나쁜 일을 하여 선을 쌓지 못한 집에는 반드시 재앙이 있다'고 해석될 수 있다.

  '송무백열(松茂栢悅)'이란 소나무가 무성하니 잣나무가 즐거워하더라는 의미를 담고 있다. 남이 잘되는 것을 보면 공연히 시기하지 말고 자신이 잘된 듯 기뻐할 줄 알아야 한다.

  '화의간산무악석(畵意看山無惡石)'이란 그림을 그리는 마음으로 산을 보면 악한 돌이 없다는 말이다. 사물을 대할 때 긍정적인 시각으로 봐야 바르게 보이는 것이지 부정적인 생각으로 본다면 좋게 보일 수 없기 때문이다.

  사람에게는 필수적인 심성이 있다. '된다, 된다'는 자신감은 반드시 이뤄지게 마련이다. 반면 '안 된다, 안 된다'는 마음으로는 아무리 애를 써도

되지 않는 법이다. 이것이 바로 순리이며 진리이다. 모든 사물을 볼 때는 부정적인 생각보다는 긍정적인 생각으로 보아야 하고 모든 일에는 소원은 반드시 이루어진다는 자신감을 가지고 살아야 한다.

6. 회사를 배신한 직원도 할 말은 있다

회사를 배신하고 나가는 직원들도 할 말은 있다. 조직 내에서 부당한 처우를 받았다든지, 건전한 제안이 무시되었다든지 등 여러 가지 사유가 있을 것이다. 어쨌든 잘 헤어지는 것도 중요하다고 본다.

한비자(韓非子)의 '외저설' 좌상(外儲說左上)편에는 '서로 상대방을 위해 무엇을 한다는 생각에서 출발하면 결국 기대에 어긋나 서로 책망하게 되지만, 자신을 위해서 일한다고 생각하면 일이 되레 잘 진행된다(협상위즉책망 자위즉사행, 夫狹相爲則責望 自爲則事行)'라는 구절이 나온다. 서로 남을 위한다고 여기면 책망을 하게 되나 자신을 위한다고 생각하면 일이 잘 풀리게 된다는 의미이다.

한비자는 여기에서 두 가지 예를 들고 있다. 첫 번째는 부모, 자식 간에 관한 것이다. 어린아이일 때 부모가 양육을 등한히 하면 자식이 자라서 부모를 원망한다. 반대로 자식이 장성하고 어른이 되어 부모 봉양을 소홀히 하면 부모가 이에 대해 노여워하고 꾸짖는다. 자식과 부모는 가장 가까운 사이다. 그러나 이처럼 서로 원망하고 꾸짖게 되는 것은 모두 상대방을 위해서 무언가를 베풀어 준다는 것만 생각하고 있을 뿐 자신을 위한다는 생각에는 미치지 못하기 때문이다.

두 번째 예는 일꾼을 써서 농사를 짓는 땅주인 이야기다. 일꾼을 사서 농사를 지을 경우 주인이 자기 돈을 써서 일꾼에게 맛있는 음식을 사주고 품삯을 주는 것은 일꾼을 사랑해서가 아니다. 일꾼들을 잘 대해주면 그들이 밭을 갈거나 김을 맬 때 일을 완벽하게 할 것이기 때문이다. 일꾼이 있는 힘을 다하여 애써 일하는 것 역시 주인을 위해서가 아니다. 열심히 일을 하면 주인이 맛있는 음식도 주고 돈도 잘 벌 수 있는 까닭이다.

한비자는 결국 타인과의 관계에서 자신이 베푸는 것은 궁극적으로 '자신을 위한 것'이라는 점을 명심한다면 굳이 남을 원망하거나 책망하지 않을 것이라는 점을 지적하고 있다.

한비자의 결론은 "그러므로 사람이 일을 하거나 베풀어 줄 경우 자기 자신에게 이익이 된다는 마음으로 하면 먼 월(越)나라 사람과도 쉽게 부드러워 질 것이지만, 자기가 손해를 감수하면서도 뭔가 은혜를 입힌다고 생각하면 부자 사이라도 서로 멀어지고 원망하게 될 것"이라는 것이다.

한비자는 충성보다는 배신하지 못하게 하여야 한다고 강조하고 있다. 한비자는 "상대방이 등을 돌리지 않을 것이라고 기대하지 말고, 그가 배신을 하려고 해도 배신할 수 없는 태세를 갖추어라. 상대방이 속이지 않을 것을 기대하지 말고, 그가 속이려 해도 속일 수 없는 태세를 갖추어라."고 말한다.

'출이반이(出爾反爾)'라는 말은 상대를 대하는 자세에 따라 그와 같은 대접을 받게 됨을 이르는 말로 쓰였지만, 지금은 '자기가 한 말 혹은 일을 스스로 부인하는 변덕스러운 행위'를 이른다.

전국시대의 두 약소국이었던 추(鄒)나라와 노(魯)나라가 전쟁을 하게 되었다. 참전한 병사 수로 보나 군사 위력으로 보나 두 나라는 우열을 가릴 수 없었다. 적어도 추나라 목공(鄒穆公)은 그렇게 생각했다. 그러나 전쟁이 시작되자마자 추나라는 장교 33명을 잃고 나머지 병사들도 모두 뿔뿔이 도망쳤다. 게다가 홀로 적군과 맞서던 장수마저 노군에 의해 처참하게 살해당하면서 결국 참패하고 말았다.

싸움에서 진 추목공은 몹시 분개했다. 자신의 군수가 살해되는 것을 보고도 목숨을 살리고자 도망간 병사들이 괘씸하기 이를 데 없었다. 추목공은 학자 맹자를 찾아가 그 이유를 물었다. 이에 맹자는 "출호이자, 반호이자야(出乎爾者, 反乎爾者也, 너에게서 나온 것은 반드시 너에게로 돌아온다)"라며, "폐하께서는 추나라가 흉년으로 기근이 들었던 그 해를 기억하실런지요. 천정부지로 치솟는 쌀값에 백성은 굶어죽고 노약자의 시신이 황야에 나뒹굴어도 묻어주는 사람조차 없었습니다. 건장한 청년들은 사방으로 흩어져 갈 곳을 잃었는데 그 수가 수천 명이나 되었습니다. 그때 폐하께서는 어디서 무엇을 하고 계셨습니까? 군주의 곳간에는 곡식이 가득 차고 부고에는 재물이 넘쳤으며 폐하는 그 속에서 호의호식하지 않으셨습니까? 탐관오리들이 입을 닫고 혀를 감추고 있었으니 폐하께서는 천하가 태평하다고만 여겼을 테지요. 백성의 고통에 무심하셨던 폐하께서 이제 와 백성들이 목숨 걸고 나라를 지키기를 바라는 것은 지나친 욕심입니다. 저 백성은 오늘날에야 복수의 기회를 만난 것이니 화살이 폐하를 겨누지 않음을 다행으로 생각하셔야 합니다. 그들을 탓하지 마십시오."라고 지적했다.

이에 추목공이 "그렇다면 과인이 어찌해야 한단 말이오?"라고 묻자 맹자가 말했다.

"어진 정치를 행하고 백성을 보살피면 그들도 자연히 윗사람을 친애할 것이며 전쟁에서도 기꺼이 목숨을 내놓을 것입니다."

그제야 깨달은 목공은 그 후 어진 정치를 펼쳐 추나라를 점차 강한 나라로 이끌었다. 이 이야기는 맹자(孟子)의 "양혜왕하(梁惠王下)"에 기록되어 있다.

곤수유투(困獸猶鬪)라는 고사성어가 있다. 곤경에 빠진 짐승도 발악한다. 어려움에 처한 사람이 더욱 저항한다는 의미이다. '춘추좌씨전(春秋左氏傳)'에 실려 있는 이야기에서 나온 말이다.

중국 진나라 경공이 초나라와의 싸움에서 크게 패하고 온 장수 순림보의 관직을 박탈하고 참형에 처하려고 했다. 그때 진의 대부 사정자가 진 문공 시절 진나라와 초나라 사이에 있었던 성복의 싸움을 언급하며 순림보의 처형에 반대했다. 사정자는 "문공 때 우리 진나라가 초나라와 싸워 크게 이겼을 때 문공은 '성복의 싸움을 지휘한 초나라의 재상 성득신이 살아 있는 한 근심하지 않을 수 없다. 곤경에 빠진 짐승도 힘껏 싸우는데,

한나라의 재상은 말할 나위 있겠는가(困獸猶鬪 況國相乎)'라고 했다."며 경공에게 순림보의 처형을 재고하기를 간언했다.

7. 직원의 작은 불만이 큰 화를 부를 수 있다

미국 동북부 지역의 프리미엄 슈퍼마켓인 웨그먼스(Wegmans Food Markets)는 미국 경제지 포춘(Fortune)에서 선정하는 '일하기 좋은 100대 기업'의 상위권에 매년 선정되는 기업이다. 이 회사의 모토는 '직원이 우선, 고객은 그다음(Employee First, Customer Second)'이다.

웨그먼스 경영진은 만족한 직원이 고객을 만족시킬 수 있다는 단순한 논리를 기반으로 경영철학을 실천해왔다. 많은 기업들이 이 사례를 벤치마킹하고 있으며, 웨그먼스 효과라는 신조어까지 등장했다. 웨그먼스 효과란 임금을 많이 주고 직원의 처우를 높여 주면 고객에 대한 서비스의 질이 높아져 결국 기업의 매출과 이익의 증가로 이어진다는 이론이다. (장영주, 직원을 웃게 하는 회사…고객 또한 만족시킨다, 매일경제, 2016년 11월 18일)

그렇다고 무리한 직원들의 요구를 모두 들어줄 수는 없다. 단 한 번의 이벤트로 끝나서도 안 된다. 직원의 만족이 감사와 성과로 이어지지 않으면 곤란하다. 직원 만족은 성과로 이어져야 한다. (홍석환, 사장이 붙잡는 김팀장, 행복에너지, 2016년)

직원 관리를 아무리 잘 해도 조직에 해가 되는 직원이 있을 수 있 다. 이러한 암적인 존재는 실력이 아무리 좋아도 바로 제거해야 한다. 부정적인 존재와 일하며 에너지를 뺏길 바에는 해고하는 방식으로 대처하는 게 낫다. 리더가 이런 암적인 존재를 제거할 용기가 있어야 조직이 건강하고 행복하다. 긍정적인 사람을 팀에 남겨야 한다. 부정적인 사람은 능력이 아무리 좋아도 좋은 게 아니다. 오직 긍정의 기운만이 조직을 나아가게 할 수 있다.

 각자위정(各自爲政)은 사람이 각자 자기 멋대로 행동하며 전체와의 조화나 협력을 고려하지 않으면 그 결과가 뻔하다는 의미의 사자성어이다. 기원전 722년부터 기원전 481년까지를 다룬 역사서 '춘추좌씨전(春秋左氏傳)' 선공(宣公) 2년에 나오는 이야기이다. 송(宋)나라가 진(晉)나라와 서로 협력하였기 때문에 송나라와 초(楚)나라는 사이가 벌어졌다. 이에 초나라 장왕(莊王)은 실력을 과시하기 위해 동맹국인 정(鄭)나라에 명하여 송나라를 치게 했다.
 결전 전야에 송나라의 대장 화원(華元)은 장졸들의 사기를 돋우기 위해 특별히 양고기를 지급했다. 장졸들은 모두 크게 기뻐했지만, 화원의 마차부 양짐(羊斟)만은 이 양고기를 먹지 못했다. 어떤 부장(副將)이 그 이유를 묻자 화원은 이렇게 대답했다.
 "마차부 따위를 먹일 필요는 없다. 마차부는 전쟁과는 아무 관계가 없으니, 내가 한 일에 아무 참견 말게."

 이튿날 양군의 접전이 시작되었다. 화원은 양짐이 모는 마차 위에서 지휘를 했다. 송나라와 정나라의 군사가 모두 잘 싸워 쉽게 승패가 나지 않아 화원이 양짐에게 명령했다.

"마차를 적의 병력이 허술한 오른쪽으로 돌려라."

그러나 양짐은 반대로 정나라 군사가 밀집해 있는 왼쪽으로 마차를 몰았다. 당황한 화원이 소리쳤다.

"아니, 어디로 가려는 것이냐!"
"어제의 양고기는 당신의 뜻이며, 오늘의 이 일은 나의 생각이오(疇昔之羊 子爲政 今日之事 我爲政)."

양짐이 이렇게 말하며 곧바로 정나라 군사가 모여 있는 곳으로 마차를 몰았기 때문에 화원은 마침내 붙잡히고 말았다. 대장이 포로가 된 것을 본 송나라는 전의를 상실했다.

송나라의 대패는 각자위정(各自爲政), 즉 양짐이 화원의 지휘에 따르지 않고 자기 생각대로 행동하였기 때문이다. 양짐은 '그 사사로운 감정 때문에 나라를 패망하게 하고 백성들을 죽게 만든(以其私憾 敗國殄民)' 것이다. 사소한 일에서 비롯되었지만 그 결과는 심각했다.

8. 직장 내 괴롭힘을 없애라

이제 회사의 사장은 직장 내 괴롭힘을 없애는 것을 심각하게 생각할 필요가 있다. 이와 관련해 우선 노주선의 책 '감정존중'을 읽어 볼 것을 권한다. 이 책은 2019년 7월부터 시행된 '직장 내 괴롭힘 금지법'에 맞춰 기획된 도서로, 직장 내 괴롭힘 금지법에 대한 현명한 대응 방법에 대해서 법률적, 노무적으로 설명하고 있다. 내용 중에는 주먹을 쓰는 폭력만이 폭력인 것은 아니다, 어디에서나 감정은 존중되어야 한다, 누구에게나 감정은 존중되어야 한다 등의 이야기가 포함되어 있다. (노주선, 감정존중, 플랜비디자인, 2019년)

이어서 고용노동부에서 2019년 발간한 '직장 내 괴롭힘 판단 및 예방·대응 매뉴얼'과 부록인 외국 매뉴얼 사례를 읽어 볼 것을 권한다.

2019년 7월부터 일명 직장 내 괴롭힘 방지법이라고 불리는 개정 근로기준법(제76조)이 시행됐다. 이에 따라 우월적 지위를 이용해 직장 내에서 신체적, 정신적 고통을 주는 행위가 금지됐으며, 상사의 부당한 지시나 모욕 등 '갑질'을 회사에 신고하면 회사는 피해자가 요구하는 근무지 변경, 유급 휴가 등을 허용하고 가해자를 징계해야 한다.

직장 내 괴롭힘에 대한 정의와 개념은 연구자마다 조금씩 차이가 있지만 행위의 유형은 조직적 괴롭힘, 환경적 괴롭힘, 업무 관련 괴롭힘 등을 꼽을 수 있다. 직장 내 괴롭힘은 ①직장 내에서 무력감을 느끼게 하는 반복되는 폭언 및 폭력 ②고립시키기 ③자존감을 훼손하는 공개적 비난과 무시 ④지속적인 면담 ⑤감시 등의 양태로 나타난다고 한다.

 우리 사회에서 직장 내 괴롭힘이 이슈가 된 지는 그리 오래 되지 않았기 때문에 아직까지는 이를 규율할 수 있는 제도적인 장치가 부족하고, 이로 인해 피해자가 사실상 방치되는 상황에 놓일 가능성이 높다. 반면 외국의 경우 오래 전부터 이러한 직장 내 괴롭힘에 대한 논의와 규제들이 이루어져 왔다. 다만, 각 국가별로 직장 내 폭력 및 괴롭힘에 대한 사회문화적 인식이 다르기 때문에 제도적인 규율 방식이 각각 상이하다.

 구체적으로는 직장 내 괴롭힘 행위를 금지행위로 법률에 명시하고 엄격한 민형사상 책임을 묻는 경우(프랑스), 직장 내 괴롭힘 행위의 원인이 되는 차별적 행위로 규제하는 경우(영국), 기존의 민법 조항으로 판례 법리를 형성하고 정책적인 구제 제도로 접근하는 경우(독일, 일본) 등으로 구분할 수 있다.
 프랑스는 노동법전에 직장 내 괴롭힘에 대한 정의 규정을 두고 있으며, 형법전에서는 괴롭힘에 대한 보호와 제재를 정의해 직장 내 괴롭힘을 형사처벌하고 있다. 또한 차별금지법에 따라 노동 분야를 중심으로 성적 취향 등에 따른 차별 요인에서 발생하는 괴롭힘을 규율하는 조항을 두고 있다.
 영국은 명시적으로 직장 내 괴롭힘에 대한 금지 규정을 입법화하고 있는 것은 아니지만, '고의적으로 다른 사람을 괴롭히는 행위(스토킹 등)'에 대한 폭넓은 제한을 두고 있으며, 차별금지법을 통해 직장 내 차별에 해당하는 괴롭힘 행위를 규율하고 있다.

일본은 직장 내 괴롭힘 행위에 대해 사용자의 안전배려의무 위반, 정신적 피해에 따른 산업재해보상 지침을 활용하고, 직장 내 괴롭힘 사건에 대해 민법 조항들을 바탕으로 판례가 형성되어 있으나 별도 입법은 아직까지 이루어지지 않고 있는 것으로 보인다. (홍성수 외, 직장내 괴롭힘 실태조사, 국가인권위원회, 2017년)

사장은 '자신보다 지위가 낮은 사람에게 자신이 가진 권력을 휘두르는 것으로 자신의 지위가 높다는 것을 확인하는 것은 어리석다'는 것을 회사의 간부들에게 가르칠 필요가 있다. 함께 일하는 사람들이 당신과 연결된 사람이기 때문이다. 그 사람들에게 무례하게 행동한다는 것은, 그 사람과 연결된 당신의 인격도 함께 폄훼하는 것과 진배없다.

웨이터의 법칙이라는 말이 있다. 이는 '당신에게는 친절하지만, 웨이터에게 무례한 사람은 절대 좋은 사람이 아니다'라는 의미를 담고 있다. 미국 방위사업체 사장인 빌 스완슨(Bill Swanson)이 정리한 '책에서는 찾을 수 없는 비즈니스 규칙 33가지' 중 일부이다.

한 고급 레스토랑에서 서빙을 하던 웨이터가 실수로 손님 일행 중 한 명에게 와인을 쏟았다. 옷을 버린 손님은 불같이 화를 냈다.

"지금 미쳤어? 내가 누군지 알아? 여기 지배인 나오라고 해!"

이 사람과 동석한 사람은 브렌다 반스라는 의류 업계의 거물이었는데, 그녀는 이 모습을 보고 당장 거래를 취소했다.

유명 IT기업 위트니스 시스템의 데이브 굴드 대표도 비슷한 일을 겪었다. 하지만 상대의 반응은 완전히 달랐다.

"마침 아침에 샤워를 못 했는데 잘됐네요. 양복도 사실 싸구려니까 너무 신경 쓰지 마세요."

그 모습을 본 데이브 굴드는 그 자리에서 계약을 체결했다. (William H. Swanson, Swanson's Unwritten Rules of Management, 2005년)

9. 권한과 책임관계를 분명하게 한다

조직운영에 있어서 각 구성원에 대한 정확한 업무 분장과 분장된 업무의 수행에 필요한 권한의 부여는 무엇보다 중요하다. 상사가 부하에게 직무를 할당하면 부하의 입장에서는 할당된 업무를 수행해야하는 책임이 확정된 것이며 책임수행에는 반드시 권한의 행사가 따라야 한다. 그래야만 부하의 직무수행에 대한 결과의 책임으로서의 의무를 가지게 된다. 이렇게 함으로써 비로소 직무, 책임, 권한이라는 3면 등가의 원칙이 성립될 수 있다.

여러 사람의 책임은 누구의 책임이라고 말할 수 없다. 담당자가 많거나 애매하면 일이 제대로 수행되지 않는 경우가 발생할 수 있다. 권한과 책임이 분명하지 않아 직원 간 갈등이 발생하는 경우도 적지 않다. 따라서 어떤 일에 책임자를 한 명만 지정하는 것이 중요하다. 이것은 방관자 효과(傍觀者效果, Bystander Effect)를 방지하기 위함이다.

방관자 효과 또는 제노비스 신드롬(Genovese Syndrome)은 주위에 사람들이 많을수록 어려움에 처한 사람을 돕지 않게 되는 현상을 뜻하는 심리학 용어이다. 방관자의 수가 많을수록 어느 누구도 도움을 받을 가능성이 적다는 것이다. 모호함, 응집성 및 책임 확산을 비롯하여 여러 가지 요인이 방관자 효과에 기여한다. 대중적 무관심 또는 구경꾼 효과라고 불리기도 한다.

1964년, 키티 제노비스(Kitty Genovese)라는 한 여성이 뉴욕시의 자기 집 근처에서 오전 3시 30분경 강도에게 살해당했다. 그녀가 격렬하게 저항을 했기에 강도와의 사투는 30분 이상 계속되었는데, 주변의 40여 가구가 그 소리를 들었음에도 불구하고 누구 하나 그녀를 구하려 하거나 경찰에 신고하지 않아 그녀는 그대로 강도에게 살해당하고 만다.

1985년 6월 18일, 노인들을 대상으로 7,500억 원을 횡령해 피해자가 1만 명이 넘었던 일본 역사상 최악의 사기사건 '도요타상사(豊田商事) 사건'의 주모자인 나가노 가즈오(永野一男) 도요타상사 회장의 연행 장면이 전국에 생방송으로 방영되고 있었다. 당시 회장의 거주지 앞에는 약 30여 명의 기자들이 연행되는 장면을 촬영하기 위해 모여 있었다. 그런데 갑자기 두 명의 사나이가 "도요타 상사 회장을 죽이러 왔습니다"라고 말하며 아파트의 유리창을 깨고 집 안으로 침입, 회장을 살해한 뒤 걸어 나왔다. 나가노 가즈오 회장이 살해당하던 그 때, 기자들을 포함해 현장에 있던 약 30여 명의 목격자들은 범행을 지켜보기만 했다. 이 사건 또한 방관자 효과의 사례 중 하나로 업급된다. (디디에 드쿠앵 저, 양진성 역, 누가 제노비스를 죽였는가, 황금가지, 2011년)

'월조대포(越俎代庖)'라는 말이 있다. 도마를 넘어가서 요리사의 일을 대신한다는 뜻으로, 자기에게 주어진 권리를 넘어 남의 직분이나 권한 따위를 침범하는 일을 이르는 말이다. 이것은 장자(莊子) 소요유(逍遙遊)편에 나오는 이야기이다.

한비자의 이병(二柄)편에 '월관지화(越官之禍)'라는 말이 있다. 이는 남의 업무를 한 사람이 화를 당하다는 의미이다. 월조대포(越俎代庖)가 남의 제사상에 감 놔라 배 놔라 하는 식의 간섭을 하지 말라는 가르침이라면, 이 성어는 교훈을 넘어 살벌하기까지 하다. 곧 관리가 자신의 직무를 넘어(越官) 다른 사람의 일을 했다고 하여 처벌의 재앙까지 당한다(之禍)는 말이다. 다른 사람이 부재중일 때 선의로 그 업무를 대신 했다 하더라도 타인의 직무를 넙노는 것이라고 엄격하게 적용했다. 오늘날 말하는 월권(越權)이다.

옛날 한(韓)나라의 임금인 소후(昭侯)가 술에 취해 잠이 들었는데 군주의 관을 관리하는 신하인 전관(典冠)이 군주가 추위하는 것을 보고 옷을 덮어 주었다. 잠에서 깨어난 왕이 누가 옷을 덮었는지 물었다. 신하들은 전관이 했다고 대답했다. 그랬더니 소후가 전관과 임금의 옷을 담당하는 관리인 전의(典衣)를 모두 불러오게 했다. 그리고는 전관에 상을 주기는 커녕 전의와 함께 문책했다. 모두들 의아해하자 소후가 이렇게 말했다.

"전의는 자신의 임무를 다하지 못했기 때문이고 전관은 자신의 직분을 넘어서 월관(越官)했기 때문이다."

임금은 자신이 추위에 감기 드는 것보다 다른 일에 간섭하는 피해가 더 크다고 생각했던 것이다.

한편 한비자는 월관지화를 이야기하면서 "모든 신하들이 자신의 맡은 바 임무를 수행하고, 자신들이 말한 것을 실천에 옮긴다면, 신하들이 붕당(朋黨)을 지어 서로 편싸움을 하지 않을 것"이라는 가르침을 덧붙였다. (한비자, 이병)

10. 성과를 창출하는 협업을 이끌어 내라

협업(Collaboration)이란 '많은 노동자들이 협력해 계획적으로 노동하는 일(국립국어원)', '모두 일하는', '협력하는 것'이라는 의미로 공동 출연, 경연, 합작, 공동 작업을 가리키는 말(위키피디아), 특히 지적인 노력을 하면서 다른 사람들과 공동으로 또는 함께 일하는 것(웹스터) 등으로 풀이된다.

다른 사람과 협업하면 혼자서는 어찌할 수 없는 문제가 해결되기도 하고 혁신적인 결과물이 나오기도 한다. 그러나 여럿이 머리를 맞댄다고 해서 무조건 최상의 결과가 나오는 것은 아니다. 오히려 역효과가 날 때도 많다. 실리콘밸리를 대표하는 경영 컨설턴트이자 전략 자문가 테아 싱어 스피처(Thea Singer Spitzer)는 '협업의 시대(Collaboration)'라는 책을 통해 타인과 함께 일할 때 시너지를 극대화하는 방법을 정리하였다.

이 저서는 지난 30여 년간 구글, 페이스북, 마이크로소프트를 비롯한 글로벌 기업 및 실리콘밸리의 탁월한 인재들과 1,000여 건의 공동 프로젝트를 진행하며 체득한 노하우를 정리한 것이다. 성공적인 협업을 위해 기업과 개인이 갖춰야 하는 요소, 팀 구성원을 위한 인센티브를 책정하는 방법, 한데 모여 일하는 방식과 서로 떨어져 일하는 방법의 장·단점, 실리콘밸리 기업이 협업하는 방식, 유연한 업무 환경을 만드는 방법 등을 담고 있다.

저자는 협업을 위해서는 3박자가 맞아떨어져야 한다고 주장한다.

첫째, 개인은 자신이 중요하게 생각하는 것을 잘 알고 있어야 하며, 팀의 목표와 전사적 목표를 염두에 두어야 한다. 즉 자신과 팀, 조직의 목표를 성찰하고, 그에 맞게 스스로 조율되어 있는지 확인하는 작업이 선행되어야 한다.

둘째, 팀 차원에서는 원활한 협업을 위해 회의방식과 업무 진행 방식 등 여러 도구를 적절히 조율해야 할 필요가 있다.

셋째, 조직적으로도 협업만 강조할 게 아니라, 협업을 위한 제도와 문화를 조성할 필요가 있다. (테아 싱어 스피처 저, 이지민 역, 협업의 시대, 보랏빛소, 2019년)

오늘날 대부분의 기업은 전사적 협업이 전략 실행에 있어 필수적인 요소라고 믿고 있다. 그러나 협업을 할수록 회사가 나아길 것이라는 믿음은, 협업을 많이 할수록 좋다는 가정에 따른 것이다.

협업의 필요성이 큰 것은 사실이다. 하지만 핵심은 협업의 확대가 아니라 성과를 낼 수 있는 올바른 협업을 추진하는 것으로, '제대로 된 협업'과 '잘못된 협업'의 차이를 구별하는 것이 중요하다.

협업을 통해 뛰어난 시너지 효과를 창출할 수도 있지만, 제대로 활용하지 못할 경우 시간·비용·지원만 낭비하는 역효과를 낳을 수 있다. 많은 기업들이 조직 내 폐쇄적 문화를 타파하고 부서 간 협업을 촉진하면서, 협업의 목표는 협업 자체가 아니라 성과 창출이라는 점을 잊어버린다.

협업은 그 자체가 목적이 아니라 성과 창출을 위한 수단으로서 존재하며 잘못된 협업은 하지 않는 것만 못하다. 즉 올바른 협업을 통해 시너지를 발휘하고, 나은 성과를 달성할 수 있도록 하는 것이 협업의 궁극적 의

의다.

포스코경영연구소(POSIRI)가 발표한 '성과를 창출하는 협업이 협업이다'라는 보고서는 제목처럼 성과를 창출하기 위한 협업을 잘 정리하고 있다. 그 주요 내용은 다음과 같다.

올바른 협업을 발휘할 수 있도록 노력함에도 불구하고 사내 협업이 정착되기 어려운 4가지 함정을 살펴보았다.

첫째, '사일로(Silo) 문화'에서의 협업으로 부서 간 치열한 경쟁에 긍지를 느끼는 분권화된 기업이라면 성과를 창출하는 협업을 기대하기에 어려움이 있다.

사일로(silo)는 다른 부서와 소통하지 않고 자신의 이익을 추구하는 부서나 부문을 말한다. 2003년 애플의 아이팟에 반격을 시도했던 소니는 사내에 훌륭한 PC, 휴대용 오디오, 플래시메모리, 배터리, 콘텐츠(미국 & 일본 소니뮤직) 부서를 모두 보유하고 있어, 강력한 아이팟 대항마를 출시할 수 있을 것으로 확신했다.

그러나 사내 각 부문·부서들 간 경쟁으로 다져진 소니의 기업문화는 소통 불가능으로 이어졌고, 그 결과 소니가 아이팟 대항마로 출시한 제품은 시장에서 참담하게 패배했다.

둘째, 적정선을 넘어 지나치게 협업하려는 '과잉협업' 현상이 존재한다. BP(British Petroleum)의 최고 경영진은 조직의 벽을 깨고 경계를 넘어 여러 부서의 직원으로 구성된 팀으로 함께 일하라는 주문을 반복했다. 이 같은 요구는 엄청난 수의 협업팀 생성으로 이어졌다. 탐사 부문에서만 수백 개의 협업팀이 활동했고, 심지어 헬리콥터 활용을 위한 협업팀까지 존재했다. 문제는 이 같은 구조가 관리자들의 업무 시간을 과도하게 소요시켰다는 점이다. 요컨대 협업 그 자체를 위한 협업팀이 많았던 것이다.

셋째, '협업가치의 과대평가'를 주의해야 한다. 사업 부문 간 협업이 엄청난 시너지를 창출할 것이라는 믿음에 현혹되어서는 안 된다.

2000년 AOL(America Online)이 타임워너를 인수(3,500억 달러 규모, 현재까지 미국 역사상 가장 큰 액수)했을 때, AOL은 자사의 인터넷 서비스 사업부와 타임워너의 콘텐츠 사업부가 협업해 엄청난 시너지를 낼 것으로 기대했다. 하지만 실제로는 시너지 효과가 발생하지 않았고, 이 사례는 많은 비즈니스 스쿨에서 실패사례로 거론되고 있다.

AOL의 임원들이 빠진 함정은 협업의 잠재 가치를 과대평가했던 것이다.

넷째, '협업비용의 과소평가'를 조심해야 한다. 이는 협업 추진 시 수반되는 갈등의 해결 과정에서 발생하는 비용에 대해서 충분히 인식하지 못하는 경우이다.

협업 프로젝트란 공동의 목표를 위해 여러 부서의 사람이 한 팀에서 같이 일하는 것이다. 그럼에도 불구하고 실제로는 자기 부서의 이해관계에 얽매이는 경우가 많다. 협업 네트워크를 구성할 때 이러한 부정적인 면은 예상하지 못한 채, 협업 성과에 대한 낙관적 추측에만 기대 결과를 전망하는 경우가 많다. 협업의 함정을 극복하고 좋은 성과를 내는 협업을 달성할 수 있도록 협업기회 평가, 협업장벽 파악, 맞춤형 해결책을 실천해야 한다. (이상현, 성과를 창출하는 협업이 협업이다, POSRI 보고서, 2013년 12년 24일)

어떻게 성과를 내게 할 것인가?

- 관리운영 능력이 중요하다

- 메리트가 매력을 만든다

- 질책의 본질은 바로잡는 것이다

- 팀을 잘 만드는 것이 중요하다

- 작은 일들을 동시에 개선해야 생산성이 올라간다

- 잘못을 알게 되면 빠르게 시정해야 한다

- 근본 원인을 개선하여야 수익성이 개선된다

- 인수한 회사를 단기간에 흑자회사로 만드는 일본전산에서 배울 점

- LG생활건강은 어떻게 체질을 개선하고 성과를 내게 되었나?

제5부

어떻게 성과를 내게 할 것인가?

1. 관리운영 능력이 중요하다

딜로이트컨설팅의 김경준 부회장은 '통찰로 경영하라'라는 책에서 창조성의 첨단이라고 할 수 있는 게임회사인 엔씨소프트의 성공에 대해 "흔히 조직의 창조성이 뛰어나서 성공했다느니, 창조적 기업문화가 중요하다는 식으로 이야기하는데 다 헛소리다. 겉만 보고 하는 소리에 불과하다. 핵심은 철저한 관리운용 능력이다. 게임 산업은 기술에 대한 이해와 창의적 아이디어에서 출발하지만, 이를 사업으로 연결시키는 관리운영 능력이 기초체력이다. 관리 운용 능력이 없으면, 한두 번 히트작은 낼 수 있지만, 꾸준히 성공작을 내면서 흐름을 따라가고 오랫동안 성공하기는 불가능하다."라고 했다. 이 책에서는 개그콘서트의 장수비결도 '철저한 규율과 관리운영'에 있다고 강조하고 있다. (김경준, 통찰로 경영하라, 원앤원북스, 2014년)

기업은 언제나 위기에 직면한다. 라이벌 기업이 획기적인 제품을 개발해 시장을 휩쓸거나, 경기 침체로 판매 실적이 나빠지면 생존 기반이 흔들린다. 이보다 더 심각한 것은 제품에 문제가 생길 때이다. 소비자가 하루아침에 등을 돌리고 완전히 바닥으로 떨어져 재기 불능의 상태로 빠질 수도 있다.

기업이 위기에 빠지는 것은 병가지상사(兵家之常事)라고 할 수 있다. 문제는 위기에 빠지는 것 자체가 아니라 위기에 직면했을 때의 관리능력이다. 얼마나 빨리 위기 상황에서 벗어나느냐에 따라 한 단계 더 도약할 수도 있고, 완전히 도태할 수도 있기 때문이다. 기업이나 사람이나 누구든 실수하고 위기에 직면한다. 더구나 선두에 서 있으면 그런 위기에 직면할 가능성이 더욱 크다. 추종자들은 학습효과에 의해 빠르게 선두주자를 모방하면서 따라오기 때문에 추격을 뿌리치려면 끊임없이 새로운 기능을 추가하고 변신을 시도해야 하기 때문이다. 아무것도 하지 않으면 위기에 빠질 일도 없다. 그래서 기업도 퍼스트 펭귄만이 늘 앞서갈 수밖에 없다. 거대한 파도에 휩쓸리거나 상어 먹이로 희생될 수 있지만, 가장 빠르게 먹이를 발견하려면 먼저 바다에 뛰어들어야 경쟁우위를 선점할 수 있다.

회복력은 조직의 저력과 역량의 총화이기도 하다. 어느 기업은 위기를 극복하고 다른 기업은 회복 불능의 사태로 빠지는 것도 회복력의 차이다. 바비 인형을 만드는 마텔(Mattel)의 리콜 사례부터 살펴보자. 마텔은

2008년 납 성분이 검출되는 등 제품에 문제가 발생하면서 한 달에 무려 세 차례 리콜을 실시했다. 아이들 둔 30~40대의 젊은 부모를 중심으로 분노의 목소리가 커지자 '장난감 왕국'이 곧 무너질 것처럼 보였다. 하지만 위기는 오래가지 않았다. 분위기 반전은 최고 경영자 로버트 에커트가 직접 방송뉴스에 출연해 리콜 요령을 소개하고 언론에 사과문을 게재하면서 극적으로 회복했다. 에커트는 사과문에서 납 성분이 장난감에 들어가지 않도록 하는 3단계 조치를 명료하게 설명했다. 그러면서 부모들 마음을 헤아려 바로 행동에 나섰다. 자세한 안내를 담은 리콜 설명서를 만들고, 회사가 부담하는 리콜 우편 양식도 다운로드할 수 있도록 했다.

또 다른 사례인 타이레놀 사태는 더욱 극적으로 전개됐다. 1982년 9월 당시 12살 소녀인 메리 켈러만이 타이레놀을 복용하고 사망하면서 사태가 시작됐다. 이와 비슷한 시기에 타이레놀을 복용한 사람이 연쇄적으로 사망하는 사건이 벌어지면서 사태는 더욱 확대됐다. 하지만 이후 얼마 지나지 않아 타이레놀의 잘못이 아니라 누군가의 악의적인 테러라는 사실이 드러나기 시작했다. 그럼에도 불구하고 타이레놀을 제조하는 존슨앤존슨은 사태의 심각성을 파악하고 시장에 공급된 타이레놀 3,100만 병을 깡그리 회수했다. 언론에 적극적으로 처리 과정을 소개하면서 문제 해결 과정을 투명하게 공개했다. 후속 보상 대책도 빠르게 제시해 소비자의 신뢰를 지켜냈다. (김동호, 일류기업의 위기관리 능력, 온라인 중앙일보, 2016년 12월 24일)

'당서(唐書)'에는 '일을 시작하기는 쉬우나 이룬 것을 지키기는 어렵다

(易創業難守成)'라는 구절이 나온다. 당태종에게 위징이 "예로부터 임금의 자리는 간난(艱難) 속에서 어렵게 얻어, 안일(安逸) 속에서 쉽게 잃는 법이옵니다. 그런 만큼 수성이 어려운 것으로 사료되옵니다."라고 한 것이다.

2. 메리트가 매력을 만든다

사람은 메리트를 느껴야 움직인다. 애덤 스미스(Adam Smith)가 경제학의 아버지로 추앙받고 국부론이 경제학의 바이블로 평가받는 이유는 무엇일까? 900여 쪽에 달하는 방대한 내용 중 자본주의 시장경제의 근원적인 동력에 대한 다음과 같은 문장에서 바로 애덤 스미스의 시대를 꿰뚫는 통찰을 발견할 수 있다.

"우리는 푸줏간 주인, 양조업자 또는 빵집 주인의 이타심 덕분이 아니라 그들의 이기심 덕택에 식사를 기대할 수 있다. 거지 이외에는 아무도 타인의 이타심에만 의존하려는 사람은 없다."

즉, '보이지 않는 손(Invisible Hand)'에 의해 자신이 전혀 의도하지 않았던 공적 목적이 달성된다는 것이다. (애덤 스미스 저, 유인호 역, 국부론, 동서문화사, 2008년)

한편 한비자(韓非子)는 '비내(備內)'편에서 "의원이 환자의 상처를 빨아 그 고름을 입에 담는 것은, 환자와의 사이에 부모 형제와 같은 골육의 정이 있어서가 아니라 이익이 있기 때문입니다. 즉 그렇게 하여 병을 고치면 사례를 받고 많은 사람을 단골로 삼을 수 있기 때문에 내키지 않음에도 어쩔 수 없이 고름을 빨아내는 것입니다. 때문에 수레의 제조자는 많은 사람들이 부자가 되기를 바라고, 관을 짜는 장의사는 사람들이 많이 죽기를 바랍니다. 이것은 수레 제조자가 인자하고 장의사가 잔인하기 때문이 아니라, 사람이 부유하지 않으면 수레가 팔리지 않을 것이고, 사람이 죽지 않으면 관이 팔리지 않을 것이기 때문입니다. 장의사가 결코 사람을 미워하는 것은 아니지만, 사람이 죽어야만 그에게 이익이 있기 때문에 어쩔 수 없이 사람들이 죽기를 바랍니다. 그러므로 후궁·정실·태자들이 파당을 만들고 군주의 죽음을 바라는 것은, 군주가 죽지 않으면 그들이 세력을 확장할 수 없기 때문이며, 군주를 미워해서가 아니라 군주가 죽어야만 이익이 되기 때문입니다. 따라서 군주는 평소 자기의 죽음으로 이익을 보는 자들을 경계해야 합니다."라고 했다. (한비자, 비내편)

또한 한비자는 '설림(說林) 하(下)'에서 "장어는 뱀과 비슷하고 누에는 애벌레와 비슷하다. 사람은 뱀을 보면 놀라고 두려워한다. 하지만 어부는 장어를 손으로 움켜쥐고 아낙네는 누에를 주워 담는다. 이익이 있는 곳에서는 모두 맹분(孟賁)이나 전저(專藷)처럼 용감무쌍한 장수로 변한다."고 했다. (한비자, 설림 하)

제임스 쿡의 호주대륙 발견 후, 영국 정부는 호주를 중죄수 추방용 유형지로 삼았다. 1788년 1월 호주 초대 총독으로 임명된 아서 필립이 이끄는 선단 11척이 죄수 732명을 포함한 1,373명을 싣고 시드니 항구에 상륙했다. 죄수들은 형기를 마치면 자유인이 되는 조건으로 호주행을 선택했는데, 상당수가 오랜 항해 도중 사망했다. 1790년부터 3년간 죄수 4,082명 중 498명이 죽었는데, 그중에는 탑승인원 424명 중 158명이 죽어나가는 배도 있었다. 정부는 죄수들의 처우 개선과 자비롭고 신앙심 깊은 선장 선발 같은 대책을 내놓았지만 효과는 미미했다.

영국 정부의 묘안은 '인센티브 제공'이었다. 선장에게 주는 죄수 호송비의 지급 기준을 기존의 '죄수 1인당 지급'에서 '살아서 도착한 죄수 1인당 지급'으로 바꿨다. 죄수들이 살아서 도착해야 약속된 운임을 받을 수 있게 된 선장들은 죄수들의 건강을 신경 쓰기 시작했고, 그 결과 1793년 세 척의 배가 죄수 422명을 이송했는데 사망자는 단 한 명뿐이었다. 이후 영국은 약 16만 명의 죄수를 비교적 안전하게 호주로 보냈다. 이타심이 아닌 돈을 벌려는 이기심이 죄수들의 목숨을 구한 것이다. (김경준, 죄수 사망률 뚝 떨어진 호주행 英 호송선 선장을 움직인 건 자비심 아닌 성공 보수, 위클리 비즈조선, 2012년 7월 7일)

그렇다고 금적적인 보상이 무조건 효과적인 것은 아니다. 따라서 금전적 보상이나 벌금의 한계를 이해할 필요가 있다. 마이클 샌델(Michael J. Sandel)의 저서 '돈으로 살 수 없는 것들'에서 제시한 사례를 보면 다음과 같은 내용이 나온다.

스위스는 방사능 핵폐기물을 저장할 장소를 찾으려고 수년간 노력해왔다. 국가가 원자력에 크게 의존하고 있는데도 자신이 거주하는 지역 한가운데에 핵폐기장이 들어서는 것을 원하는 지역사회는 거의 없었기 때문이다. 핵폐기장 후보지에는 스위스 중부에 있는 인구 2,100명의 볼펜쉬센이라는 작은 산악마을도 거론됐다.

 1993년 핵 폐기장 건립 장소를 놓고 국민투표가 실시되기 직전에 일부 경제학자들이 마을 주민을 상대로 조사를 실시하여, 만약 스위스의회가 자신들의 마을에 핵 폐기장을 건립하겠다고 결의하는 경우에 이를 받아들이겠다고 투표할지 물었다. 거주지 주변에 핵폐기장이 들어서는 것은 바람직하지 않다는 견해가 많았지만 근소한 차이로 거주민의 과반수인 51퍼센트가 받아들이겠다고 답했다. 마을 사람들의 시민적 의무감이 핵폐기장 유치로 발생할 수 있는 위험성에 대한 우려를 누른 것이다.

 여기에 경제학자들은 감미료를 제시했다. 의회가 당신이 속한 지역사회에 핵폐기장을 건립하겠다고 발의하고 각 주민에게 매년 보상금을 지불하겠다는 제안을 했다고 가정하자. 그렇다면 그 안건에 찬성하겠는가? 결과는 어떻게 되었을까? 지지율은 오히려 떨어졌다. 재정적 유인책을 추가하자 핵폐기장 건립에 찬성하는 비율은 51퍼센트에서 25퍼센트로 절반 가량 떨어진 것이다. 보상금을 지불하겠다는 제안이 핵 폐기장 건립을 자발적으로 받아들이겠다는 주민의 의지를 실제로 약화시킨 것이다. 보상금 인상제안도 효과가 없었다.

 처음에 그 거주자들의 51%는 핵폐기물을 받아들이기로 했는데, 이는 핵폐기장을 감수하겠다는 시민의식의 발로에 따른 것이다. 그러나 금전적인 보상을 한다고 하는 순간, 그 가치가 갑자기 금전으로 환산됐고, 오히려 의지를 약화시키게 된 것이다.

　벌금의 효과가 없어진 사례도 있다. 이스라엘의 한 유치원에서 있었던 일이다. 이 유치원의 교사들은 방과 후 아이들을 늦게 데려가는 부모들 때문에 종종 퇴근이 늦어졌다. 그래서 교사들은 아이들을 늦게 데려가는 부모들에게 벌금을 부과하기로 결정했다. 물질적 손해를 면하기 위해 지각하는 학부모가 줄 것이라고 예상했다. 그러나 오히려 벌금을 부과한 이후, 지각하는 학부모가 2배로 늘었다. 지각에 대한 죄책감이 벌금을 내면서 정당화된 것이다. 학부모들이 지닌 일말의 미안함과 죄책감이 금적적 가치로 바뀌면서 "그래, 벌금을 물면 되지."라는 정당화의 구실이 된 것이다.

　남에게 인정받는 것, 미안함, 시민의식, 봉사 등과 같은 가치를 금전적 가치로 환산하는 순간, 사람들은 가치 기준을 바꾸게 된다. 금전적 보상은 현대 사회를 살아가는데 꼭 필요한 것이지만, 우리는 여전히 그렇지 않은 가치들에 대한 동기도 가지고 있는 듯하다. 이러한 관점에서 볼 때, 성과 보상과 발탁 인사가 항상 옳은 것만은 아니다. (마이클 샌델 저, 안기순 역, 돈으로 살 수 없는 것들, 와이즈베리, 2012년)

3. 질책의 본질은 바로잡는 것이다

　문제가 있는 직원에 대한 피드백은 즉각적으로 하는 것이 맞다. 이는 매일 잔소리를 하라는 의미가 아니다. 리더는 피드백 전에 스스로에게 먼저 물어야 한다. '이 말이 지금 꼭 필요한가?' 이 질문에 대해 그렇다는 생각이 드는 문제에 대해서만 피드백을 하는 것이다.

그러나 확인되지 않은 사실에 대해 피드백해서는 안 된다. "나는 잘 모르겠는데 사장이 자네보고 뭐라고 하더라"는 식으로 남의 탓을 하면서 비판을 하는 것이 여기에 속한다.

이것이 나쁜 이유는 첫째, 직원이이 말을 듣는 순간 '누가 나를 음해했지?'라며 도리어 동료를 의심하게 되기 때문이다. 결국 팀워크에 문제를 일으킬 수도 있다.

둘째, 이야기를 들은 직원이 그런 적이 없다고 반박했을 때 리더가 대응할 말이 없기 때문이다. 질책을 하는 것을 부담스럽게 생각하는 리더가 있는데 이는 질책의 본질을 잘못 이해하고 있기 때문이다. 구성원을 질책하는 것은 짜증이 나서도 아니고 싫어서도 아니다. 질책의 본질은 바로 잡는 것이다. 정보를 주는 것이다. 업무과정에서 무엇이 부족했으며, 그로 인해 어떤 문제가 생겼는지에 대해 알려 주는 게 질책의 핵심이다. 앞으로 무엇을 보완하고 어떤 점을 노력해야 할지 스스로 깨닫도록 하는 게 가장 중요하다.

'로마인 이야기'의 저자 시오노 나나미(鹽野七生)는 이 책을 통해 '친근 감과 존경심은 공존할 수 없다'고 하였다. 부하 직원에게 호감을 얻는 리더와 두렵지만 존경받는 리더는 전혀 다르다. 지나치게 가까워지면 일시적으로 호감을 얻을 수 있을지 몰라도 상하관계에서 오는 긴장감이 사라져 중요한 순간에 채찍을 휘두르거나 쓴소리를 할 수 없다. 그렇다고 지나치게 거리감을 두면 신뢰가 쌓이지 않아서 부하직원을 운용할 수 없으니 그것 또한 경계해야 한다.

낮은 평가를 받은 직원의 본능적인 방어심리를 몇 마디 말로 설득할 수 있다고 믿는 건 큰 착각이다. 평가 받는 사람으로서는 내가 능력이 없어서가 아니라 상사가 제대로 몰라봐서 그렇다고 생각하는 게 당연하다. 그렇기 때문에 처벌하는 데는 원칙이 있어야 한다. 무관용 원칙(Zero Tolerance), 축구규칙(Soccer Rule, Yellow Card, Red Card), 야구규칙(Baseball Rule, 3Strikeout) 같은 것 말이다.

4. 팀을 잘 만드는 것이 중요하다.

사장이 만능일 수는 없다. 두각을 나타내는 분야도 있지만 소질이 없는 분야도 있다. 사람은 모두 다르다. 누군가에게는 서툴고 하지 않으려는 일이, 또 다른 누군가에게는 재미있어서 24시간 계속해도 질리지 않는 일이 수 있다. 따라서 그 차이를 적절히 조합해 최고의 상태를 만들어내는 것, 그것이 바로 사장이 팀을 구축하는 묘미이다. 팀을 만들고 이를 통해 구성원 하나하나가 빛을 내도록 해야 한다. 그러한 과정에서 회사의 성과도 좋아질 것이다.

돼지는 숲을 헤집고 닭은 뒤를 파헤치는 것처럼 각자 주어진 역할이 있다. 좋은 팀을 만들기 위해서는 어떻게 하여야 할까?

첫째, 리더를 키우는 것이다. 임원의 위치에 있을 때 얼마나 배포가 큰 판단을 많이 해 왔는지, 조직의 권력에 의존하지 않고서도 반대 세력과 저항 세력을 얼마나 원만하게 움직여왔는지, 즉 얼마나 혹독한 경험을 쌓아 왔는지가 앞으로의 리더에게 요구되는 능력이다.

프레드 코프만(Fred Kofman)은 "좋은 리더는 구성원들이 변방이 아닌 핵심에서 일하고 있다고 느끼게 해 준다"고 했다. 또한 제임스 맥그리거 번스(James Mcgregor Burns)는 "리더는 권력을 거래하는 상인이 아니라 사람들의 마음속 깊이 파고드는 원칙과 가치를 만드는 사람이다"라고 정의했다.

둘째, 능력이 뛰어난 핵심 인력일수록 조직에서 가장 쉽게 상처받을 수 있다는 것이다. 칼에서 가장 쉽게 금이 가는 곳이 칼날이고 창에서 가장 쉽게 마모되는 곳이 창끝이다.

셋째, 팀에 자율권을 부여하는 것이다. 손자병법에서 화를 잘 내는 장수 밑에 있는 병사들은 게으르다고 했다. 하라는 일만 하면 장수는 혼을 낼지언정 화를 내지는 못할 테니까.

넷째, 리더가 솔선수범하는 것이다. 알렉산더대왕은 사막을 행군할 때 나 혼자 물을 마실 수 없다. 더 진군하여 오아시스가 나오면 다 같이 물을 마시자고 하여 부하들의 공감을 얻었다.

직원들은 속 좁은 리더에게 마음을 열지 않는다. 뛰어난 리더는 직원의 공적을 가로채지 않는다. 성장하는 직원을 억누르지 않는다. (나가마쓰 시게히사 저, 김윤수 역, 왜 나는 이 사람을 따르는가, 발행인 다산3.0, 2016년)

노자는 '도덕경' 17장에서 "현명한 지도자는 일이 잘 되었을 때 자신의 공을 드러내지 않아 구성원이 스스로 해 냈다고 생각하게 만든다"고 하였다.

미국의 특수 부대 네이비씰 (NAVY SEALS)의 실전 노하우를 정리한 '네이비씰 승리의 기술'이라는 책이 있다. 네이비씰 출신의 두 저자가 전쟁터에서 목숨 걸고 싸우며 얻은 승리의 기술을 열두 가지 원칙으로 정리한 책이다. 저자들은 목표를 달성하고 승리하기 위해 다양한 사람들과 함께 복잡한 작전을 수행해야 하는 일반 사회와 전쟁터가 본질적으로 다르지 않다고 이야기하며, 열두 가지의 원칙을 일과 인간관계, 일상 등에 어떻게 적용해야 승리할 수 있는지를 생생한 사례들과 함께 밝히고 있다.

네이비씰의 탁월한 리더들에게는 한 가지 분명한 공통점이 있다. 자신의 임무뿐만 아니라 임무에 영향을 미치는 모든 것을 자기 책임이라고 생각한다는 점이다. 이들은 어떤 경우에도 다른 팀원을 비난하지 않는다. 누군가의 실수로 임무가 실패로 돌아가도 남을 탓하지 않는다. 변명도 하지 않는다. 위기나 장애물을 만나면 불평하는 대신 대안을 궁리해 문제를 해결한다. 맡은 일을 성공시키기 위해 자신이 가진 모든 자산, 인간관계, 자원을 총동원한다. 그리고 자존심을 억누르고 임무와 부하들을 앞세운다. 책에서는 이를 '극한의 오너십'이라고 표현한다.

  이 책에서는 '나쁜 팀은 없다, 오직 나쁜 리더만 있을 뿐'이라고 강조한다. 그리고 리더를 바꾸었을 때 팀의 성적이 향상된 사례를 보여 준다. 다음은 이 책에서 소개한 사례 중 하나이다.

  네이비씰 훈련 중, 교육생 7명이 한 팀이 되어 진행하는 훈련이 있다. 각 팀의 선임이 팀장이 되며 총 6개의 팀이 훈련에 참가하는데, 한 훈련에서 2팀이 거의 모든 경주에서 승리했다. 반면 6팀은 매번 꼴등을 면치 못하고 뒤쳐졌다.

  이를 지켜보던 교관이 제일 잘하는 팀과 못하는 팀의 팀장을 바꾸어 보았다. 그랬더니 기적 같은 반전이 일어났다. 6팀이 꼴찌에서 단번에 선두로 치고 올라왔다. 2팀은 여전히 잘했지만 아깝게 졌다.

  2팀 팀장은 6팀을 맡은 후 극한의 오너십을 보여 주었다. 아무도 비난하지 않고 변명도 하지 않았다. 가장 중요한 것은 그가 승리할 수 있다고 믿었다는 것이다. 그는 팀을 하나로 모아 전력을 다하게 만들었다. 극한의 오너십이 팀 전체에 정착되면 리더가 사라져도 팀의 성과가 계속 향상된다. 이것이 2팀이 팀장을 잃고도 좋은 성적을 유지한 이유이다. (조코 윌링크, 레이프 바빈 저, 최규민 역, 네이비씰 승리의 기술, 2019년)

5. 작은 일들을 동시에 개선해야 생산성이 올라간다

매년 7월이면 국제 도로 사이클 경기인 '투르 드 프랑스(Tour de France)'가 3주 동안 프랑스에서 열린다. 행사 기획자에 따르면, 190개국의 35억 명이 매년 투르 드 프랑스를 관람하며 도로 옆에서 1,200만 명의 관중이 사이클 선수에게 환호를 보낸다.

이 대회가 시작된 1903년부터 2012년까지 영국의 사이클 선수들은 우승을 해 본 적이 없다. 그런데 이후 6년 동안 영국은 다섯 번이나 우승 타이틀을 거머쥐었다. 이런 이례적인 성공을 어떻게 설명할 수 있을까?
제임스 클리어 (James Clear)는 '아주 작은 습관의 힘'이라는 책에서 그 성공을 "데이브 브레일스포드(Dave Brailsford) 코치가 1%씩 작은 일들을 개선했고, 그 결과가 여기 있다"라고 소개했다.

브레일스포드는 1%의 개선을 '한계 이익들의 집합(Idea of Marginal Gains)'이라고 불렀다. 그는 선수들과 관련된 모든 일의 1% 개선 전략을 세웠으며, 영양부터 훈련 프로그램, 사이클 의자의 인체공학 디자인, 타이어 무게까지 1%씩 개선해 나갔다.
그는 다른 사람들이 간과하는 영역에 주목했다. 양질의 잠을 제공하는 베개, 효과만점의 마사지 젤, 감염을 피하기 위한 손 씻기 등등. 그는 이러한 전략을 그의 팀이 성공적으로 실행한다면 5년 내에 승리할 수 있을 것이라고 믿었다. 실제로 영국 선수들은 3년 만에 우승했다. (제임스 클리어 저, 이한이 역, 아주 작은 습관의 힘, 비즈니스북스, 2019년)

그렇다면 조직에서 생산성을 개선하기 위해 어떻게 할 것인가? 답은 현장에 있으며, 현장 관리의 핵심은 원감 및 품질관리라고 생각한다. 품질관리솔루션을 도입해 품질 정보 집계 및 분석 자동화, 실시간 모니터링, 조기 경보 체계 및 품질보증 활동의 연계성 확보 등을 통하여 품질관리 수준을 향상시켜야 하는 것이다. 외주 업체 관리 또한 철저히 실시해야 한다.

중요한 것은 이러한 활동과 함께 현장개선 활동을 전개할 필요가 있다는 점이다. 5S운동은 가장 대표적인 현장개선 방법 중의 하나라고 할 수 있다.

5S는 일본에서 유래된 관리기법의 하나로 정리·정돈·청소·청결을 생활화하는 것이다. 5S는 整理(Seiri), 整頓(Seiton), 淸掃(Seisoh), 淸潔(Seiketsu), しつけ(Shitsuke)의 일본식 발음의 영문자 첫 낱말인 S를 다섯 개 모아 명명된 캠페인이다.

첫째, 정리(整理)는 필요한 것과 불필요한 것을 구분하여 불필요한 것을 버리는 것이다.

둘째, 정돈(整頓)은 필요한 것을 누구라도 항상 꺼낼 수 있도록 하는 것이다. 정돈은 '표준화로부터!', 즉 누구라도 한눈에 알 수 있게끔 한다.

셋째, 청소(淸掃)는 눈으로 보거나 만져 보아도 깨끗하게 하는 것이다. 청소는 '점검으로부터!', 즉 청소는 일상 업무화 해야 한다.

넷째, 청결(淸潔)은 정리, 정돈, 청소, 상태를 계속 유지 또는 개선하는 것이다. 청결은 '더럽히지 않는 일로부터!' 시작한다.

다섯째, 습관화는 결정된 규정, 규칙을 지속적으로 실시한다. 습관은 '행동으로부터!' 시작된다. (박영택, 품질 최우선 경영의 이해, 한국표준협회 미디어, 2014년)

프레더릭 브룩스(Frederick Philips Brooks, Jr)의 '맨먼스 미신(The Mythical Man-Month: Essays on Software Engineering)'이라는 책이 있다. 맨먼스(Man-Month)란 한 사람이 한 달 안에 끝낼 수 있는 업무량을 나타내는 단위이다. 이 책에는 '과제 후반부에 인력을 더 투입하는 것은 과제 종료를 오히려 힘들게 만든다'는 브룩스 법칙이 등장한다.

인력을 더 투입하는 행위에는 사람과 일정이 서로 교환 가능하다는 그릇된 인식이 저변에 있기 때문이라고 한다. '프로그래밍의 정석'에서는 다음의 공식으로 이를 잘 설명한다.

$$\text{man} \times \text{month} \neq \text{month} \times \text{man}$$

즉, 사람과 일정은 상호 교환되지 않는다는 것이다. 예를 들어 6men × 2months ≠ 6months × 2men라는 것이다.

그는 일정이 늦어지게 되는 이유를 아래 두 가지로 설명한다.

첫째는 투입된 인력에게 기술적인 내용, 목표, 전략, 업무 계획 등 프로젝트 적응 교육을 하기 위해 기존 인력이 현재 진행 중인 프로젝트를 중지하고 교육을 실시해야 함으로써 일정이 다시 늘어난다는 것이다.

둘째는 추가 인력을 투입하기 위해 기존 조직 구조와 업무 재분배를 해야 하는데 이를 위한 팀들과 팀원 간의 의사소통을 위한 수고가 더 들게 되고 결국 개인의 개별 업무 시간마저 잠식해 버린다는 것이다. (프레더릭 브룩스 저, 강중빈 역, 맨먼스 미신, 인사이트, 2015년)

이 브룩스 법칙은 소프트웨어 개발이나 플랜트 사업을 하는 회사의 사장이라면 꼭 짚어 볼 내용이라고 생각한다.

6. 잘못을 알게 되면 빠르게 시정해야 한다.

모든 고객에게 100% 만족을 주는 제품과 서비스란 있을 수 없고 고객의 불만은 필연적으로 발생하기 마련이다. 기업이 고객의 불만을 어떻게 관리하느냐에 따라 고객을 붙잡을 수도, 또 다른 불만고객을 양산할 수도 있다.

심형석은 '어떻게 실패는 성공을 부르는가'라는 책에서 고객 불만의 원인을 크게 제품 자체의 문제, 서비스의 문제, 고객 자신의 문제로 분류하였다. 그리고 실패의 원인과 배경에 대한 사례를 통해 체계적으로 문제를 정리했다. 그는 실패를 겪고 좌절하고 있는 이들에게 실패는 곧 패배가 아니라 그 안에 성공을 잉태한 귀중한 자산임을 역설한다. (심형석, 어떻게 실패는 성공을 부르는가, CommunicationBooks, 2013년)

자넬발로(Janelle Barlow)는 '불평하는 고객이 초일류를 만든다'라는 책에서 현장에서 실제로 일어날 수 있는 여러 가지 상황을 실례로 들어 설명함으로써, '불평하는 고객은 얼마나 고마운가'라는 결론에 무리 없이 도달하게 한다.

델(Dell)사는 임원회의를 할 때마다 긍정적이건 부정적이건 고객의 증언을 듣는데 15분을 할애한다. 또 고객의 인터뷰를 편집한 10분 분량의 비디오를 보며 고객이 생각하는 바를 이해하려고 노력한다.

불만 해결이 전략 자체가 될 수는 없다. 그러나 출발점은 될 수 있을 것이다. 기존에 알지 못했던 시장의 흐름을 고객 불만, 그 이면의 고객이 원하는 것을 통해 하나의 단서로 잡을 수는 있다. 예를 들어 "물류가 너무 느리다"라는 의견이 전사적인 방향 속에서 물류체계를 바꾸는 그림을 그리기 위한 하나의 트리거가 될 수는 있을 것이다. 하지만 물류만 고칠 수는 없다. 부분적인 최적화에 그칠 수도 있기 때문이다. 상품 조달, 지불 시스템 등을 바꾸는 일이 준비되지 않은 채 물류 속도만 빨리 하기 위해 프로세스를 억지로 만들고 변경한다면 사후 처리가 더 힘들 수 있을 것이다.

고객의 불만은 구체적이기 어렵다. 고객이 제품과 서비스를 실제로 만들거나 전문적으로 소비하지 않는 경우가 많아 구체적으로 어떻게 바꾸는 것이 좋을지 조언하기 어렵기 때문이다. '여기서 시킨 옷은 너무 진부한 것 같아'라거나 '이 매장의 서비스는 불친절하다' 정도의 고객의 피드백을 어떻게 바꿀 것인가에 대한 고민은 기업의 몫이다.

이는 결국 전체적인 전략 하에서 전사적인 목표가 될 수 있다. 저마다들은 불만이 서로를 끌어당기는 비전략적인 모습으로 반영될 수도 있기 때문이다. 한 쪽은 가격이 싸야 하고, 한 쪽은 품질이 더 좋아야한다고 말하면 둘 다를 만족시킬 혁신적인 원료를 찾아 제품으로 만들지 않는 이상 매우 어려운 목표가 되기 때문이다. 중앙에서 조율하지 않고 개별로 이런 불만들을 처리하면 기업의 방향은 사라지게 된다. (자넬 발로 저, 우순교 역, 불평하는 고객이 초일류를 만든다, 세종서적 1999년)

과즉물탄개(過則勿憚改)는 공자(孔子)의 '논어(論語)' 제1편 학이(學而)편에 나오는 말이다.

공자는 "군자가 중후하지 않으면 위엄이 없고, 학문을 해도 견고하지 못하느니라. 충실과 믿음을 주로 하며 자기만 못한 이를 벗 삼지 말고 허물이 있으면 고치기를 꺼려하지 말아야 한다(君子 不重則不威니 學則不固니라. 主忠信하며 無友不如己者요 過則勿憚改니라)."라고 하였다.

과즉물탄개란 잘못하면 고치기를 꺼리지 말아야 한다는 뜻이다. 어떤 일에 있어서 그 결과가 좋지 않을 때 잘못을 직면할 용기 없이 더 안 좋은 상황과 비교만 하여 잘못을 미화하려 한다면, 그 집단에게 미래란 없다.

그렇다고 해서 너무 과하게 잘 못을 고치는 데 목을 매서는 안 될 것이다. 교각살우(矯角殺牛)는 소의 뿔을 바로잡으려다가 소를 죽인다는 뜻으로, 잘못된 점을 고치려다가 그 방법이나 정도가 지나쳐 오히려 일을 그르침을 이르는 말이다.

옛날 중국에 한 농부가 살고 있었다. 이 농부에게는 농사일도 잘하고 농부의 말을 척척 알아듣는 황소 한 마리가 있었다. 윤기 나는 몸에 잘 발달된 근육, 언뜻 보기에도 잘 생긴 소였다. 주인의 뜻을 거스르는 일 없는 착한 소였지만 농부는 한 가지 불만이 있었다. 황소의 뿔 하나가 바르지 않고 조금 비뚤어져 있었던 것이다. 어느 날 농부는 소의 뿔을 밧줄로 팽팽하게 묶어 비뚤어진 뿔을 바로 잡으려고 했는데, 그만 뿔이 뿌리 채 뽑아지면서 소가 죽어버렸다. 이 농부처럼 사소한 결점을 바로 잡으려다 오히려 큰일을 망쳐버리는 행위를 교각살우라고 한다.

7. 근본 원인을 개선하여야 수익성이 개선된다

유경철과 박종하의 책 '문제해결자'는 문제해결에 있어 매우 중요하게 생각해야 하는 것 중 하나가 사실에 근거하여 생각하는 것이라고 한다. 이것을 '팩트베이스(Fact-base) 사고'라고 한다.

팩트베이스 사고는 전체의 사고 또는 활동을 사실(Fact)에 근거하여 시작하는 것이다. 같은 사물이나 대상을 보더라도 어떤 위치에서 보느냐에 따라 달라 보인다. 마찬가지로 같은 일에 대해서도 그것을 어떤 관점에서 보느냐에 따라 우리의 생각은 달라진다. 따라서 다양하고 새로운 생각을 갖고 싶은 사람이라면 다른 관점에서 바라보고, 다른 위치에서 바라보고, 다른 사람의 입장에서 바라보는 노력이 필요하다.

다양한 관점에서 문제를 바라본 뒤에는 근본 원인을 찾아내야 한다. 근본 원인 분석(Root Cause Analysis, RCA)은 적절한 해결책을 찾기 위해 문제의 근본 원인을 밝혀내는 프로세스이다. RCA에서는 일시적인 증상만을 치료하거나 급한 불을 끄는 대신 근본적인 문제를 체계적으로 예방하고 해결하는 것이 훨씬 더 효과적이라고 본다.

RCA는 사건이나 추세의 근본 원인을 식별하는 데 활용할 수 있는 원리, 기법 및 방법론을 수집하는 식으로 수행할 수 있다. RCA는 표면적인 원인과 결과를 넘어, 프로세스 또는 시스템이 어디서 실패했는지 또는 애초에 어디서 문제가 일어났는지를 보여줄 수 있다.

RCA에 사용할 수 있는 기술과 전략은 아주 많다. 가장 일반적이고 가장 많이 쓰이는 유용한 기술 몇 가지는 다음과 같다.

첫째, 5Why 접근법이다.

근본 원인 분석을 수행할 때 흔하게 쓰이는 기법 중 하나는 5Why 접근법이다. 끊임없이 '왜요'라고 묻는 아이들과 같은 접근법이라고도 할 수 있다. 하나의 'Why' 질문에 대답할 때마다, "그렇군요, 그런데 왜요?"라고 덧붙이며 보다 심층적으로 파고드는 질문을 한다. 5번 정도 왜라고 질문하는 동안 대부분 근본 원인에 도달할 수 있다고 보는 것이 일반적이지만, Why 질문이 2개 정도로 적게 필요할 수도, 50개 정도로 많이 필요할 수도 있다.

도요타 자동차는 문제가 발생하였을 때 5Why 운동을 전개하여 수익성을 개선한다고 한다. 5Why란 말 그대로 다섯 번 '왜?'라고 묻는 것이다. 어떠한 문제가 발생했을 때 '어떻게 해결하지?'를 먼저 생각하는 것보다는 '왜 이 문제가 발생했지?'를 먼저 파악해야 한다. 그런데 여기서 '왜'를 한 번만 묻고 끝낸다면, 밖으로 드러나는 원인만 알 수 있다. 하지만 '왜?'에서 나온 답에 한 번 더 '왜?'를 하게 되면, 점점 근본적인 원인에 접근하게 된다.

둘째, 사건 분석법이다.

근본 원인 분석을 탐색하는 또 다른 유용한 방법은 결국 사건으로 이어지는 변화를 신중히 분석하는 것이다. 이 방법은 가능성 있는 원인이 여러 가지일 경우에 특히 유용하다.

1)사건으로 이어질 가능성이 있는 원인을 모두 나열한다. 더 좋아진 경우든 더 나빠진 경우든 상관없이, 별로 심각하지 않아도 모든 변화는 다 해당된다. 2)영향력을 갖는 정도를 기준으로 각 변화 또는 사건을 분류한다. 내부/외부, 소유/비소유 또는 비슷한 유형으로 분류할 수 있다. 3) 이벤트를 하나씩 점검하여 해당 이벤트가 관련이 있는 요인인지, 없는 요인인지, 상관관계가 있는 요인인지, 기여 요인인지, 아니면 근본 원인일 가능성이 있는지를 판단한다. 이 단계에서 대부분의 분석이 이루어지고 5Why와 같은 다른 기법들도 사용된다. 4)근본 원인을 반복하거나 개선할 수 있는 방법을 알아본다.

셋째, 특성요인도 방법으로, 다른 말로 물고기 뼈 다이어그램이라고도 한다. 이 기법은 물고기 뼈 다이어그램, 혹은 이시카와 다이어그램이라고도 하는 특성요인도를 만들어 원인과 결과를 시각적으로 매핑하는 방법이다. 제대로 된 원인을 파악할 때까지 가능성이 있는 원인으로 연결된 범주별 경로를 따라감으로써 문제의 원인을 파악할 수 있게 된다. 5Why 기법과 비슷하지만 훨씬 더 시각적이다.

보통 도표 중앙에 문제를 그리는 것(물고기의 등뼈에 해당)으로 시작한 다음, 몇 가지 떠오르는 원인 범주를 등뼈에 큰 가지로 비스듬하게 배치(물고기 뼈의 갈빗대에 해당)한다. 범주는 매우 넓어 '사람' 또는 '환경'도 포함될 수 있다. 범주별로 묶은 다음 그것을 더 작은 부분으로 분류한다. 예를 들어 '사람'이라는 범주 아래에 '리더십', '직원 채용', '교육'과 같은 근본 원인일 가능성이 있는 요인을 고려할 수 있다.

이렇게 모든 가지마다 의문을 제기하여 근본 원인일 가능성이 있는 원인 및 하위 원인을 세분화할수록 문제의 근원에 가까워진다. 이 방법을 사용해 관련이 없는 범주를 삭제하고 상관관계가 있는 요인 및 근본 원인일 가능성이 있는 원인을 식별할 수 있다.

특성요인도에서 고려할 일반적인 범주는 기계(장비, 기술), 방법(프로세스), 재료(원자재, 소모품 및 정보 포함), 인력/정신력(육체 또는 지식 노동), 측정(검사), 사명(목적, 기대), 관리/자금력(리더십), 유지 관리, 제품(또는 서비스), 가격, 홍보(마케팅), 프로세스(시스템), 사람(인적 자원), 물적 증거, 성능, 주변 환경(장소, 환경), 공급업체, 기술 등이다. (유경철, 박종하, 문제해결자, 새로운 제안, 2016년)

중국의 고대 병법을 36가지로 정리한 '삼십육계'에는 부저추신(釜底抽薪)이라는 책략이 나온다. 36가지 책략 중 제19계로, 부(釜)는 가마를 말하고 신(薪)은 장작을 뜻하니 이는 곧 가마솥 아래의 장작을 꺼낸다는 의미이다.

가마솥 안에 있는 건 펄펄 끓는 물이다. 이 물을 식히려면 어떻게 해야 하나. 가마솥 뚜껑을 열까, 아니면 찬물을 들이붓는 게 좋을까? 그러면 잠시 끓는 물의 열기를 가라앉힐 수는 있을지 몰라도 시간이 지나면 다시 끓게 될 것이다. 모두 미봉책에 불과하기 때문이다. 근원적인 해결책은 물을 끓게 해주는 동력인 화력을 제거하는 것이다. 그게 바로 가마솥 아래서 훨훨 타며 물을 데워주는 장작을 치우란 이야기다.

8. 인수한 회사를 단기간에 흑자회사로 만드는 일본전산에서 배울 점

가와가쓰 노리아키(川勝宣昭)의 책 '일본전산의 독한 경영 수업'은 140여 개의 꼴지 계열사를 1등으로 만든 일본전산 나가모리 회장의 42가지 철칙을 소개하고 있다.

나가모리 회장은 "재건을 맡은 경영자는 미움 받을 것을 두려워하지 마라, 미움 받더라도 해야 할 일은 하라."고 독려한다.

재건을 책임진 경영자는 나가모리 회장으로부터 매우 구체적인 실행 지침을 받는다. 이를테면 '영업 담당자 한 명당 거래처 방문건수를 월 100건으로 해라', '전표는 빠짐없이 들여다봐라' 같은 것들이다. 인수된 회사 직원들이 월평균 거래처를 찾는 횟수가 기존에 20~30번 정도였다면 100번을 채우기 위해서는 직원들이 최대 다섯 배 부지런히 움직여야 한다. 이 목표치를 달성하는 순간, 인수된 회사의 매출이 두 배나 뛴 사례가 있다고 소개한다.

재건 담당 임원에게 전표를 낱낱이 살피라는 지시는 지나치다는 느낌마저 든다. 그러나 비용 절감이 시급한, 위기의 적자 회사의 경우 비용을 하나하나 파악해야 새나가는 비용이 어느 정도인지 알 수 있다고 나가모리 회장은 말하고 있다. '경비는 매출액 1억 엔당 500만 엔이 안 되게 해라', '순이익은 주(週)별로 관리해라' 같은 주문 역시 빠른 시간 내 성공적인 재건을 위해 불가피한 지침이다.

1973년 직원 3명으로 시작한 일본전산은 45년 만에 계열사 140개, 직원 13만 명을 거느린 매출 12조 원의 기업으로 성장했다. 이 과정에서 무려 50개가 넘는 기업을 M&A했는데, 나가모리 회장은 단 한 곳의 예외도 없이 1년 이내에 적자 인수 회사를 흑자로 돌려놨다. 그의 지독한 경영 철학과 실행이 없었다면 불가능한 일이었다.

일본전산 사장은 인수회사에 파견되는 임원들에게 다음과 같이 지시한다고 한다.

첫째, 경영 관리자가 아니라 경영자가 되라.

경영자는 리스크를 두려워하지 않고 즉시 판단하여 바로 의사결정을 하고, 때에 따라서는 기업 전체의 방향을 크게 변경하는 일도 마다치 않는 사람이다. 이에 반해 경영 관리자는 사업이 위기에 빠지지 않도록 조심하면서 계획한 대로 사업을 운영하는 데 힘을 쏟는 사람이다. 경영자가 황야를 달리는 사람이라면, 경영 관리자는 레일 위를 달리는 사람이라고 표현할 수 있다.

경영자로서 하나의 회사를 이끄는 일, 특히 적자회사를 재건하는 일은 지금까지와는 전혀 다른 새로운 것을 창출해내는 일이다. 대기업의 어떤 부문 책임자처럼 정해진 전체의 역할 중 톱니바퀴 한 조각으로서 일하면 되는 입장과는 완전히 다르다.

둘째, 직원들의 마음을 장악해 한 방향으로 이끌어라.

직원들은 리더가 관리해야 할 대상인 동시에 회사에서 리더에게 맡긴 재산이기도 하다. 이 재산을 어떻게 늘리느냐가 리더의 역할이다. 직원을 재산이라고 생각할 때, 당연하게도 그들에게 절대로 권력을 내세워서는 안 된다는 마음가짐 또한 필요하다.

셋째, 경영자와 직원들의 높은 사기야말로 기업 최대의 재산이다.

경영자와 직원들의 높은 사기야말로 기업의 최대 재산이다. 불안한 시기일수록 그 사실을 떠올려라.

넷째, 회사를 바꾸고 싶으면 가장 가까운 곳부터 바꿔라.

기업 재건은 결국 기업 개혁이며, 동시에 사람의 변혁이다. 그렇다면 '사람의 개혁'은 어디서부터 손대야 할까? 회사를 바꾸고 싶으면 자신과 가장 가까운 부분부터 바꿔라. 변혁의 순서는 이렇다. 사장은 우선 임원을 변화시킨다. 부장은 과장을 변화시키고, 과장은 구성원들을 변화시킨다. 예를 들어, 회사 경영이 삐거덕거리는 회사는 만성적인 실적 미달이나 체질 악화를 겪고 있기에 관리직 집회나 전사적인 대회를 한두 번 연다고 해서 문제를 극복할 수 없다. 이는 두말할 필요도 없이 당연하다. '토대가 단단한 경영력' 부분부터 바꾸지 않으면 고칠 수 없다. 이를 고치려면 사장과 임원진이 안일한 사고를 버리고 의식과 행동을 바꿔 직원들의 선두에 서야 한다.

재건을 맡은 경영자는 미움 받을 것을 두려워하지 마라, 미움 받더라도 해야 할 일은 하라는 것이다. (가와가쓰 노리아키 저, 김윤경 역, 일본전산의 독한 경영 수업, 더퀘스트, 2018년)

9. LG생활건강은 어떻게 체질을 개선하고 성과를 내게 되었나?

홍성태의 책 '그로잉 업'은 LG 생활건강이 어떻게 체질을 개선하고 성과를 내게 되었는지 상세하게 설명하고 있다.

첫째는 군살빼기이다. 차석용 부회장은 단순화를 강조했다. 보고서도, 조직도 단순하게 했다. 일단 불필요한 회의를 없앴고, 모든 직급도 3단계로 줄여 팀원, 팀장, 부문장의 체계를 구축했다.

둘째는 스피드이다. 체질개선의 동력은 스피드이다. LG생활건강에서 웬만한 사안은 보고하는 그 자리에서 결론이 난다. 당장 결정하기에 정보가 부족하다 싶으면 즉석에서 다자 간 전화회의를 진행한다. 곧바로 관련 부서 담당자에게 전화를 걸어 자세한 사항을 물어 보고 의견을 구한 다음 "그럼 이렇게 합시다."하고, 결론을 내 버린다.

셋째는 빠른 결정에서 비롯된 빠른 실행이다. 결정된 사항 중에 중요하다고 생각하는 것들은 차석용 부회장이 매일매일 묻고 확인한다. 이렇다 보니 실무를 직원들에게만 맡겨 놓고 닦달하는 스타일의 임원들은 위·아래로 갈등을 겪을 수밖에 없다. 의사결정이란 가지고 있는 정보와 사실 안에서 최선의 선택을 하는 것이다. 그렇기 때문에 최선의 결과를 얻기 위해서는 행동이 곧바로 따라와 줘야 빠른 결정이 빛을 발한다.

넷째는 소통의 벽 허물기이다. 의사결정이 빨라지려면 보고와 소통이 긴밀하게 이루어져야 한다. 따라서 철저하게 수평적 커뮤니케이션을 지향한다. 누구든 사안이 있으면 부회장과 회의를 할 수 있다. 미리 예약을 하고 찾아갈 필요도 없다.

이 외에도 이 책은 현장의 목소리에 응답한다, 보고가 길어지면 정보가 왜곡된다, 한 장 보고서조차 필요 없어진다, 90분 안에 골을 넣어야 워라벨이 이뤄진다, 나쁜 소식은 24시간 내에 보고한다, 고민 말하기를 주저하지 않는다, 모르는 걸 모른다고 하는 사람이 성공하더라 등 체질개선에 대한 구체적인 내용을 담고 있다. (홍성태, 그로잉 업: LG생활건강 멈춤 없는 성장의 원리, 북스톤, 2019년)

돌발 상황에 어떻게 대처할 것인가?

- 돌발 상황에 대처하는 방법

- 예방이 치료보다 낫다

- 작은 조짐을 조심하라

- 실패 경험을 공유하라

- 위기를 부르짖는다고 위기의식이 높아지지 않는다

- 잘못된 점은 솔직하게 공개하고 바로 시정한다

제6부

돌발 상황에
어떻게 대처할 것인가?

1. 돌발 상황에 대처하는 방법

역사학자 아놀드 토인비(Arnold Toynbee)는 "성공의 반은 죽을지 모른다는 급박한 상황에서 비롯되고, 실패의 반은 잘 나가던 때의 향수에서 비롯된다."고 했다.

기업을 경영함에 있어 위기 상황은 수시로 발생할 것이다. 따라서 사장은 처음과 나중을 한 눈으로 보고, 위급한 상황이 발생하면 문제를 해결한 후 임직원에게 그 이유를 설명하여야 한다.

위기대처 능력은 재능과 상관없다. 미국 육군사관학교 연구에서도 도중에 포기하는 신병은 능력이 부족해서가 아니었다. 절대 포기하지 않는 자세가 더욱 중요하다는 것이다. (앤절라 더크워스 저, 김미정 역, 그릿 GRIT IQ, 재능, 환경을 뛰어넘는 열정적 끈기의 힘, 비즈니스북스, 2016년)

사장은 회사의 나쁜 소식을 가장 먼저 아는 사람이 되어야 한다. 그래야 제대로 수습하고 대처할 수 있다. 요컨대 '탄광의 카나리아'가 필요하다. 카나리아는 메탄 일산화탄소 등 유해가스에 유독 민감한 새로, 과거 광부들은 탄광 속 카나리아의 이상행동을 탈출 경고로 삼았다. 기업에도 이러한 시스템이 필요하다는 것이다.

유키지루시유업(雪印乳業株式会社)은 일본의 가장 큰 유제품 제조업체로서 명성이 높았던 기업이다. 1955년 정전으로 인해 도쿄의 초등학교에서 900여 명의 학생이 식중독에 걸리는 사태가 벌어졌을 때 빠른 대처로 사태를 수습하면서 최고의 품질을 기업의 핵심 이념으로 삼았다. 이후 유키지루시유업은 일본에서 가장 신뢰받는 브랜드로 자리매김 했다. 하지만 시간이 지날수록 유키지루시유업은 자신의 가치를 소중하게 지켜내려는 구성원들의 열정이 사라지면서 몰락하기 시작했다.

2000년 1만 4,000명이 넘는 사람이 상한 우유를 마셔 일본 최악의 식중독 사태가 벌어진다. 직원들이 세정 매뉴얼을 제대로 숙지하지 못한 채, 회사의 규정을 무시해가며 작업을 진행했기 때문이다. 기업의 간부들 또한 철저하게 제품의 생산과 유통과정을 점검하지 못했고, 경영진은 책임을 회피하면서 사건을 은폐하기 급급했다. 구성원들의 안이한 마인드는 결국 기업을 파산으로 몰고 갔다. (石塚辰八, 不祥事から事業売却へ。過去10社の例を振り返る, 2016年06月26日, https://newswitch.jp)

다음은 김형철의 책 '최고의 선택'에 나오는 내용이다.

갑작스러운 정전으로 한 지하 슈퍼마켓이 암흑에 싸였다. 계산단말기도 작동을 멈췄다. 전력회사에서는 언제 복구될지 모른다고 한다. 당신이 이 슈퍼마켓의 직원이라면 어떻게 했을까? 물건이 든 카트를 그대로 두고 안전하게 밖으로 나가는 길을 안내할까? 아니면 일단 물건을 가져가고 다음에 와서 지불해 달라고 부탁할까? 둘 다 아니었다. 실제 직원은 사려던 물건을 집으로 가져가되 "물건 값은 원하는 자선단체에 기부해 달라"고 주문했다.

미국의 작은 동네 슈퍼마켓에서의 일이다. 입소문을 탄 미담은 언론을 통해 전역으로 퍼졌다. 슈퍼마켓 본사 감사팀의 조사 결과 그날 정전으로 피해를 본 물건 값은 4,000달러였다. 이후 1주일간 미디어 노출에 따른 광고 효과는 40만 달러에 달했다. 순간적인 직원의 결정은 결과적으로 '최고의 선택'이 됐다. (김형철, 최고의 선택, 리더스북, 2018년)

'어떻게 대처하는가'는 아주 중요한 문제이다. 인생은 어떤 일이 벌어졌느냐에 따라 결정되기도 하지만 우리가 어떻게 대응했느냐에 따라 결정되기도 한다. 그리고 인생이 우리에게 무엇을 제공했는지에 따라 결정되기도 하지만 우리가 무엇을 제공했는지에 따라 결정되기도 한다. 이타적인 헌신과 연민은 공동체가 비극적 사건을 견뎌내는 힘이다. (미셸 부커 저, 이주만 역, 회색 코뿔소가 온다, The Business Books and Co., Ltd, 2016년)

임기응변(臨機應變)도 리더의 능력이다. 임기응변은 그때그때 처한 사태에 맞추어 즉각 그 자리에서 결정하거나 처리한다는 의미이다.

리더는 고집불통이 되어서는 곤란하다. 리더는 판단이 빠르고 재치가 있어야 한다. 형편에 맞게 잘 대처할 수 있어야 한다. 상황변화에 따라 적절하게 대응하는 임기응변에 능통해야 한다. 사고(思考)가 경직되면 임기응변을 할 수가 없다. 리더는 사고가 굳어버리지 않도록 해야 한다. 사고의 유연성을 유지하도록 노력해야 한다.

춘추시대 초나라의 장왕은 집권 초기 개혁에 반발하는 세력의 거센 저항 때문에 어려움을 겪었다. 재상 벼슬까지 지낸 권신 두월초(斗越椒)는 무력으로 저항했다. 장왕은 직접 군대를 이끌고 나가 북채를 잡고 북을 두드리며 군사들을 격려했다. 이를 본 두월초가 활을 쏘았다. 화살은 장왕이 타고 있는 전차를 향해 날아들어 북을 뚫었다. 장왕이 급히 화살을 피하기가 무섭게 두월초의 두 번째 화살이 날아들어 이번에는 전차의 지붕을 뚫었다. 병사들은 너무 놀란 나머지 허둥지둥 퇴각했다.

퇴각한 초나라 군사들은 두월초가 쏜 두 발의 화살을 뽑아서는 서로 돌려가며 구경했다. 화살은 별스럽게 크고 날카롭기 짝이 없었다. 모두들이 화살이야말로 '신전(神箭)'이라며 놀란 입을 다물지 못했다. 두월초의 신전에 잔뜩 겁을 먹은 병사들을 본 장왕은 야간에 군영을 순시하는 책임자를 불러 병사들에게 이렇게 말하도록 했다.

"우리 선군이신 문왕께서 당시 식(息)이란 나라를 공격하다가 세 발의 날카로운 신전을 얻었다. 그런데 두월초란 놈이 그중 두 발을 훔쳐갔다. 오늘 그 두 발을 다 써버렸다."

두월초의 신전이 초나라 군대에 공포를 가져다줌으로써 군심이 전반적으로 동요하는 예상치 못한 돌발 상황이 벌어졌다. 따라서 장왕은 신전이 몰고 온 불안과 공포를 바로 없애야만 했다.

먼저, 장왕은 신전의 존재를 부정하지 않았다. 병사들 눈으로 똑똑히 본 사실을 부인했다가는 오히려 거짓말한다는 혐의만 사게 되고, 이것으로는 병사들을 설득할 수 없기 때문이다. 장왕은 신전의 존재를 인정하는 동시에 기지 넘치게 활을 쏜 '사수'와 '화살'을 분리했다. 그는 활을 쏜 사수 두월초는 입에 담지 않고 그저 화살의 대단함을 담담하게 언급했을 뿐이다. 이렇게 해서 활을 쏜 두월초의 실력을 자연스럽게 깎아내렸고 이로써 반란군에 대한 병사들의 미신과 두려움은 사라졌다. 또 장왕은 두월초가 두 발의 신전을 훔쳐갔다고 흘림으로써 두월초를 나쁜 자로 모는 동시에, 오늘 전투에서 그 두 발의 화살을 다 사용했기 때문에 더는 두려워할 게 없다는 것을 암시했다.

리더가 위기상황에서 적절하게 임기응변할 수 있다는 것은 달리 말해 백성들을 불안에 떨지 않게 하는 리더십을 갖췄다는 뜻이기도 하다. 작은 일에도 호들갑을 떨거나 상황을 과장하는 리더를 바라보는 백성의 마음은 불안할 수밖에 없다. 장왕의 임기응변 리더십은 리더의 안정감이이라는 측면에서도 많은 것을 생각하게 한다. (김영수, 신전과 장왕의 임기응변, 경향신문, 2012년 5월 6일)

2. 예방이 치료보다 낫다

한스 브링커(Hans Brinker)라는 네덜란드 소년의 이야기가 있다. 네덜란드의 한 작은 바닷가 마을에 한스 브링커라는 소년이 살고 있었다. 어느 날 한스는 학교를 마치고 집으로 돌아오다 제방에 작은 구멍이 뚫려 있는 걸 발견했다. 한스는 즉시 손가락으로 그 구멍을 막았다. 왜냐하면 그 제방이 무너질 경우 마을이 온통 바다에 잠겨 버린다는 사실을 한스는 알고 있었기 때문이다.

처음에는 손가락으로도 막을 수 있는 작은 구멍이었지만 시간이 갈수록 구멍은 점차 커졌다. 한스는 손가락 대신 손으로 틀어막고, 나중에는 팔뚝을 집어넣어 구멍을 막아야 했다.

차가운 물로 인해 팔이 시리고 점차 힘이 빠져 갔지만, 외진 곳이라 지나가는 사람이 한 명도 없었다. 밤이 으슥해진 무렵에서야 학교에서 돌아오지 않는 한스를 걱정해 찾아 나선 부모와 마을 사람들에 의해 한스는 겨우 무사할 수 있었다.

만약 한스가 제방에 구멍이 난 것을 보고도 그냥 지나쳤다면 이미 마을은 온통 물바다가 되었을 것이다. 한스의 이런 용감한 행동은 즉시 마을 전체에 알려졌고, 한스는 마을을 구한 영웅이 됐다.

이 이야기는 실화가 아니라 1865년 미국의 동화작가인 마리 메이프스 드지(Mary Mapes Dodge)가 한 어린이 잡지에 쓴 동화라고 알려져 있다. 이 이야기의 교훈은 "제 때에 올바른 결단을 내리면 결과를 바꿀 수 있다"는 것이다.

미국, 영국, 일본 등 주요 선진국은 산업현장에서 안전사고를 줄이기 위해 엄격한 사전 점검과 강력한 사후 처벌이라는 정책체계를 갖추고 있다. 이런 '이중 장치'를 통해 사고를 방지함으로써 사회적 손실을 줄이고 기업이 자발적으로 규정을 지키는 분위기를 조성한다.

미국에서는 1970년 산업 안전과 위생에 관한 포괄적 연방 법률인 '직업안정위생법'이 제정되면서 관리·감독이 체계화됐다.

영국은 2007년 '기업과실치사 및 기업살인법'이 제정되어 유럽 내에서도 산업 안전과 관련해 선진국으로 평가받는다. 2008년부터 시행된 이 법은 산업현장에서 심각한 관리상 실책이나 부주의 등으로 사망사고가 발생할 경우 기업이나 정부기관에 책임을 물을 수 있도록 했다. 심각한 위반 시 상한선 없는 벌금 부과가 가능하며 유죄가 인정되면 관련 내용과 벌금 부과 사실을 공표해야 한다.

유비무환(有備無患)은 준비가 있으면 근심할 것이 없다는 의미로 '서경(書經)' 열명(說命)에 나오는 말이다.

열명은 은(殷)나라 고종(高宗)이 부열(傅說)이란 어진 재상을 얻게 되는 경위와 부열의 어진 정사에 대한 의견, 그 의견을 실천하게 하는 내용을 기록한 글인데, 유비무환이란 말은 부열이 고종 임금에게 전한 말 중 하나로, 그 부분을 소개하면 다음과 같다.

"생각이 옳으면 이를 행동으로 옮기되 그 옮기는 것을 시기에 맞게 하십시오. 그 능(能)한 것을 자랑하게 되면 그 공(功)을 잃게 됩니다. 오직 모든 일은 다 그 갖춘 것이 있는 법이니 갖춘 것이 있어야만 근심이 없게 될 것입니다(處善以動 動有厥時 矜其能 喪厥功 惟事事 及其有備 有備無患)."

또, '춘추좌씨전(春秋左氏傳)'에는 다음과 같은 말이 있다.

진나라 도승이 정나라에서 보낸 값진 보물과 가희(佳姬)들을 화친(和親)의 선물로 보내오자 이것들을 위강에게 보냈다. 그러자 위강은 완강히 거부하면서 이렇게 말했다.

"평안히 지낼 때에는 항상 위태로움을 생각하여야 하고, 위태로움을 생각하게 되면 항상 준비가 있어야 하며, 충분한 준비가 되어있으면 근심과 재난이 없을 것입니다."

3. 작은 조짐을 조심하라

하인리히 법칙이라는 것이 있다. 1931년 허버트 윌리엄 하인리히

(Herbert William Heinrich)가 펴낸 '산업재해 예방: 과학적 접근(Industrial Accident Prevention : A Scientific Approach)'이라는 책에서 소개된 법칙이다.

이 책이 출간되었을 당시 하인리히는 미국의 트래블러스 보험사(Travelers Insurance Company)라는 회사의 엔지니어링 및 손실통제 부서에 근무하고 있었다.

업무 성격상 수많은 사고 통계를 접했던 하인리히는 산업재해 사례 분석을 통해 하나의 통계적 법칙을 발견하였다. 그것은 바로 산업재해가 발생하여 사망자가 1명 나오면 그 전에 같은 원인으로 발생한 경상자가 29명, 같은 원인으로 부상을 당할 뻔한 잠재적 부상자가 300명이나 있었다는 사실이다. 그래서 하인리히 법칙은 1:29:300법칙이라고도 불린다. 즉 큰 재해와 작은 재해 그리고 사소한 사고의 발생 비율이 1:29:300이라는 것이다.

이 법칙은 큰 사고의 경우 우연히 또는 어느 순간 갑작스럽게 발생하는 것이 아니라 그 이전에 반드시 경미한 사고들이 반복되는 과정 속에서 발생한다는 것을 실증적으로 밝힌 것으로, 하인리히는 큰 사고가 일어나기 전 일정 기간 동안 여러 번의 경고성 징후와 전조들이 있다는 사실을 입증하였다. 다시 말하면 큰 재해는 항상 사소한 것들을 방치할 때 발생한다는 것이다.

사소한 문제가 발생하였을 때 이를 살펴 그 원인을 파악하고 잘못된 점을 시정하면, 대형사고 또는 실패를 방지할 수 있지만, 징후(알지 못하더라도)가 있음에도 이를 무시하고, 방치하면 돌이킬 수 없는 대형사고로 번질 수 있다는 것을 경고한다. (김민주, 하인리히 법칙, 토네이도, 2008년)

한비자(韓非子) 21편(21篇) 유로(喩老)에서는 "천하의 어려운 일은 반드시 쉬운 것에서 이루어지고, 천하의 큰일은 반드시 작은 일에서부터 이루어진다"라고 하였다.

이 때문에 사물을 제어하려면 미세할 때 시작해야 한다. 즉, "어려운 것을 도모할 때는 쉬운 것에서 시작하고, 큰 것을 하고자 할 때는 작은 것에서 시작한다"는 것이다. 천 장이나 되는 제방도 땅강아지와 개미구멍 때문에 무너지고 백 척 되는 집도 굴뚝 틈새의 불씨로 인해 잿더미가 된다는 것이다.

한비자 망징(亡徵)편에서는 이런 말이 나온다.

나무가 부러지는 이유는 바람에 있고, 벽이 무너지는 까닭은 비(雨)에 있다. 그러나 생생한 나무는 쓰러지지 않고, 튼튼한 벽은 비에도 견딘다. 벌레 먹은 나무, 틈새가 벌어진 벽만이 쓰러질 뿐이다. 한 나라의 흥망성쇠(興亡盛衰)도 마찬가지다. 성하던 국가가 망하는 데는 그 원인이 내부에 있는 법이다. (김원중 역, 한비자, 휴머니스트, 2016년)

4. 실패 경험을 공유하라

사람들은 실패를 두려워한다. 하지만 실패를 극복하지 않고서는 성장할 수 없다. 행복의 비밀은 올바른 결정을 하는 것이다. 경험이 올바른 결정을 하게 한다. 그런데 많은 잘못된 결정이 경험을 만든다.

실패를 공유하는 것을 통해 3M의 포스트잇이라는 히트 상품이 나오게 되었다는 것을 기억하자. 3M에서 강력접착제를 개발하는 한 연구원의 이야기이다. 그는 개발하는 접착제마다 접착력이 떨어져 "실패작이지만 가져다 쓸 사람이 있으면 사용하라"고 말했다.

또 다른 연구원은 북마크용 접착제를 개발하고 있었는데, 개발하는 제품마다 접착력이 너무 강해 책에 붙였다 떼면 책이 찢어졌다. 그래서 접착력이 떨어지는 이 접착제를 가져다 썼더니 떼었다 붙였다 할 수 있었다. 포스트잇은 이렇게 개발되었다. (김형철, 최고의 선택, 리더스북, 2018년)

위기를 인지하면 올바른 선택, 잘못된 선택, 아무것도 하지 않는 선택 중 하나를 택하게 된다. 코닥은 1975년 디지털카메라를 개발했으나 필름 사업을 보호하기 위해 1980년대까지 혁신을 보류하다 불행한 결과를 맞았다. (예병일, 책 읽어 주는 남자 10년의 노트, Book21 Publishing Group, 2014년)

'불치하문(不恥下問)'은 지위, 학식, 나이 등이 자기보다 아래인 사람에게 묻는 것을 부끄럽게 여기지 아니함을 이르는 말이다. 다시 말해 진실로 배우기를 좋아하는 사람이라면 자신보다 못한 사람에게도 기꺼이 물어볼 줄 알아야 한다는 것을 역설적으로 표현한 것이다.

또 '공자천주(孔子穿珠)'라는 말이 있는데, 이는 공자가 실에 구슬 꿰는 방법을 몰라 바느질하는 아낙네에게 물어 개미의 허리에 실을 매고 구슬 구멍 반대편에 꿀을 발라 개미가 꿀 냄새를 따라 바늘을 통과해 구슬을 꿰었다는 내용의 고사이다, 이 역시 자기보다 낮은 사람에게 묻는 것을 부끄럽게 여기지 않는다는 의미를 담고 있다.

5. 위기를 부르짖는다고 위기의식이 높아지지 않는다

회사의 '위기'와 사원이 품는 '위기감'이 반드시 비례하는 것은 아니다. 오히려 반비례 관계라 하는 편이 옳다. 실적이 떨어져 위기감이 높아야 할 회사일수록 사내 분위기는 해이한 경우가 많다. 반대로 실적이 좋아 위기와는 거리가 먼 듯한 기업일수록 사원들은 긴장의 끈을 놓지 않고 열심히 노력한다.

회사를 바꾸기 위해서는 경영자가 먼저 철저한 계산을 통해 전략적인 접근법을 도출하고, 구체적인 행동 방법을 마련해야 한다. 그리고 모든 비난과 저항을 받아낼 각오로, 본인이 선봉에 서서 기존의 조직과 가치관을 무너뜨려야 한다.

존 코터(John Kotter)는 '기업이 원하는 변화의 리더'라는 책에서 "성공적인 변화를 위해 저항은 당연한 것이라며 무사안일을 경계해야 한다"라고 하였다.

회사 안팎이 한 치 앞을 내다볼 수 없는 위기 상황이라도 단 두 단계 아래 직급의 직원들만 봐도 전혀 다른 세계에 살고 있는 경우가 많다. 위기 상황을 직시하지 못하고 혁신에 대해서도 별다른 필요성을 느끼지 못한다. 그들은 오로지 자신에게 익숙한 것, 지금까지 쭉 해온 것에만 집착할 뿐이다. 무사안일주의가 팽배한 조직이다.

사장은 마냥 열심히 일하는 것 외에는 달리 해결책이 없다고 생각한다. 그래서 직원들은 부산하게 돌아다니며 회의에 회의를 거듭하고 파워포인트로 프레젠테이션을 하며 태스크포스를 구성한다.

하지만 이 모든 것은 헛일이 될 가능성이 크다. 조직에 진정한 위기감을 심는 데 실패했기 때문이다. 사람들이 부산하게 움직이긴 하지만 어떤 목표를 달성하기 위한 생산성과는 거리가 멀다. 그들이 부산하게 움직이는 이유는 보스나 힘 있는 윗사람에게 일하고 있다는 것을 보여주고 스스로도 일함으로써 두려움에서 벗어나기 위함이다.

결국 이는 무사안일주의보다 더 나쁜 결과를 초래할 수도 있다. 구성원들의 에너지를 허비시켜 조직전체의 능률을 떨어뜨리기 때문이다. (존 코터 저, 한정곤 역, 기업이 원하는 변화의 리더, 김영사, 2002년)

6. 잘못된 점은 바로 공개하고 시정한다

욕개미창(欲蓋彌彰)은 '춘추좌씨전(春秋左氏傳)'에 나오는 말로 진상(眞

相)을 감추려 하나 모두 드러나게 됨을 뜻한다. 덮으려고 할수록 더욱 드러난다는 의미이다.

춘추시대에 주나라의 관리 중에 흑굉(黑肱)이라는 사람이 있었다. 그는 노나라가 자기를 받아 주기를 희망하면서 은밀하게 주나라 땅의 일부를 노나라에게 준 적이 있었다. 아무도 그 일을 모를 것이라고 생각하며 그는 매우 잽싸게 노나라로 이주하면서 노나라에서 이 일을 자세하게 기록하지 않기를 원했다.

훗날, 주나라 사람들이 흑굉의 이주 사실을 알게 되면서 의문을 품었고, 곧 그가 자신의 조국에 커다란 불명예를 끼치게 된 것을 알게 되었다. 흑굉은 어느 누구에게도 알리고 싶지 않은 이 일을 많은 사람들이 알게 되리라고 꿈에도 생각하지 않았으나 결국 모두 알려지게 된 것이다.

오늘날, 이 성어는 자신이 한 일을 감추고 싶어 하는데 반해, 자신의 잘못이 더욱 명백하게 드러나게 되는 경우를 가리킬 때 사용된다. (춘추좌씨전)

리더는 숙명적으로 나쁜 뉴스(Bad News)를 피할 수 없다. 모든 조직의 리더는 크고 작은 나쁜 뉴스, 즉 위기를 겪으며 살아간다. 조직에 위기가 발생하는 데에는 세 가지 이유가 있다고 한다.

첫째, 의도하지 않은 실수(Mistake)이다. 예를 들어, 직원의 실수로 시스템에 오류가 발생했다든지, 이로 인해 제품에 문제가 발생한 경우이다.

둘째, 알고도 잘못(Wrongdoing)한 경우이다. 임직원의 부정이나 범죄로 인한 위기가 대표적이다.

셋째, 불운이나 환경적 요소이다. 일본의 쓰나미처럼 천재지변으로 인한 사고가 발생하거나, 세계적인 경기 침체로 인해 발생하는 위기이다.

위기 상황에서 리더는 나름의 대응 전략을 갖고 있어야 한다. 리더가 통제하기 힘든 불운이나 환경적 요소를 제외하고, 조직 내부의 실수나 잘못으로 인해 위기가 발생한 경우, 21세기의 리더는 세 가지 전략을 심각하게 고려해야 한다.

> 첫째, 자신의 실수나 잘못에 대한 투명한 공개
> (Transparent Disclosure).
>
> 둘째, 실수나 잘못으로 인한 피해에 대한 진정한 사과
> (Sincere Apology).
>
> 셋째, 사과로 그치지 않고, 향후 유사한 실수나 잘못이
> 발생하지 않도록 하는 개선 노력(Improvement Effort)이다.

이 세 가지를 '위기관리를 위한 사과 전략'이라고 한다. 커뮤니케이션 전문가인 김호와 정재승 카이스트 교수가 함께 쓴 '쿨하게 사과하라'에는 기업이 사과할 때 지켜야 할 세 가지 법칙이 나와 있다. 세 가지 법칙은 '인정과 사과', '해명', '대책'인데, 저자들은 이 중에서도 대책에 주목한다. 저자들은 "보상책과 재발 방지를 위한 구체적 조치를 언급하는 등 말

로만 끝나는 사과가 아니라 구체적으로 어떻게 행동할 것인가를 제시해야 한다"고 조언하고 있다. (정재승, 김호 저, 쿨하게 사과하라, 어크로스, 2011년)

7

어떻게 리더십을 키울 것인가?

- 빈스 롬바르디 그린베이 패커스 감독의 리더십

- 존 우든(John Wooden) UCLA 감독의 리더십

- 김성근 감독이 말하는 리더의 조건

- 야구 선수 경험없는 엡스타인 단장의 성공

제7부

어떻게
리더십을 키울 것인가?

1. 빈스 롬바르디 그린베이 패커스 감독의 리더십

빈스 롬바르디(Vince Lombardi)는 만년 하위였던 미식축구팀 그린베이 패커스(Green Bay Packers)를 2년 만에 미국 최고의 미식축구팀으로 만든 감독이다. 그는 감독 재임기간에 74%라는 놀라운 승률과 다섯 번에 걸친 슈퍼볼 우승을 기록하며 미식축구의 역사를 새로 썼다. 사후 40년이 흘렀는데도 여전히 미국 최고의 스포츠 지도자로 꼽힌다. 승리를 위한 무서운 집념과 철저한 준비, 선수들에게 영감을 불어넣는 능력을 통해 놀라운 성과를 낸 그는 청교도적인 생활을 한 감독으로도 유명하다. 여담이지만, 미국인들이 열광하는 슈퍼볼 게임의 우승 트로피 이름이 바로 '롬바르디컵'이다. 롬바르디 리더십의 키워드는 다음과 같다.

첫째는 청교도적인 삶과 윤리 의식이다.
롬바르디는 팀의 승리와 관련 없는 일체의 것을 거부한 채 그 자신부터 청교도적인 생활을 했다. 스포츠 리더라기보다 오히려 구도자에 가까운 삶이었다. 새벽같이 출근해 가장 늦게 퇴근했고 휴일에도 쉬는 법을 몰랐다. 다른 운동이나 취미 활동도 없었다. 그가 뉴욕 자이언츠에서 코치로 활동할 때 감독이었던 짐 리 하웰은 롬바르디를 이렇게 평가했다.

"모든 선수와 코치들이 집으로 귀가한 뒤에도 방 하나에는 항상 불이 켜져 있었다. 바로 롬바르디의 방이었다."

미식축구 경기를 피 튀기는 전투처럼 묘사한 영화가 있다. '7월 4일생', '플래툰' 등 선 굵은 정치 영화를 만든 올리버 스톤 감독의 '애니 기븐 선데이'이다. 이 영화에서 명배우 알 파치노가 분한 디마토 감독의 롤 모델이 바로 롬바르디다. 알 파치노는 마지막 시합을 앞둔 선수들을 모아놓고 이렇게 말한다.

"인생과 풋볼이란 게임에선 겉으로는 작게만 보이는 1인치가 모든 것을 결정한다. 어떤 종류의 싸움이건 죽을 각오를 한 자만이 그 1인치를 찾아낸다. 내 소원은 그 1인치를 찾다 죽는 것이다. 그게 바로 삶이다."

롬바르디가 직접 말한 듯한 대사다. 롬바르디는 자신이 그랬던 것과 마찬가지로 선수들이 운동이 아닌 다른 일에 관심을 기울이는 것을 용납하지 않았다. 경기장 안에서 모든 것을 쏟아 붓고 남은 것이 단 하나도 없어야 한다고 선수들을 독려했다. 그는 훈련 때 빈둥거리던 선수를 이렇게 나무랐다.

"연습할 때 꾀를 부리면 너는 시합에서도 꾀를 부릴 것이다. 시합에서 꾀를 부리면 앞으로 살아가면서도 꾀를 부릴 것이다. 그래서 나는 그걸 용납할 수 없다."

그에게 성공이란 돈과 명예, 화려한 스포트라이트, 쇼맨십과 같은 개념이 아니다. 희생, 극기, 겸손, 완벽하게 절제된 의지 등의 다른 말이다. 가난한 이민자 가정에서 태어나 변변한 선수 및 지도자 경험도 없이 만 50세가 다 돼서야 감독직을 맡은 그가 승리와 성공을 남에게 과시하기 위한 것으로 생각할 리 만무했다. 이것이 그가 "리더십은 영적인 소양에 기초한다. 남에게 영감을 불러일으키는 능력이 바로 리더십"이라고 강조한 이유다.

둘째는, 철저한 연습과 준비이다.

롬바르디는 '연습은 실전처럼, 실전은 연습처럼'을 실천한 지도자였다. 그는 연습한다고 플레이가 완벽해진다고 생각하지 않았다. 완벽한 연습을 했을 때에야 비로소 완벽한 플레이가 된다고 강하게 믿었다. 연습에서 실수를 저지르는 선수는 시합 때 더 큰 실수를 저지를 수 있으므로 완벽한 연습을 통해 이를 미리 차단해야 한다는 것이 그의 지론이다.

그는 부단히 연습하려는 선수들의 의지를 갈망(Desire)이라는 단어로 표현했다. 선수 선발과 기용에도 이 원칙을 엄격히 지켰다. 다음은 롬바르디의 표현이다.

"나는 50%의 능력과 100%의 갈망을 가진 선수를 원한다. 100%의 갈망을 가진 선수는 매일 연습을 할 것이고, 그의 능력에 맞는 체계를 세울 수 있다. 하지만 100%의 능력과 50%의 갈망을 지닌 선수는 어느 날 밖에 나가 딴청을 피울 수 있다. 그 자신뿐 아니라 팀의 모든 체계를 와해시킬 수 있다."

롬바르디가 연습을 얼마나 강조했는지, 그의 선수들은 오히려 경기하는 날을 더 편하게 느꼈다. 그린베이 패커스 선수들은 종종 "경기가 있는 일요일이 일주일 중 가장 편한 날"이라고 했다. 매일 18시간의 연습을 하고, 라커룸에서 잠을 자는 날도 많으니 차라리 경기장에 나가는 날 덜 피곤했던 것이다.

물론 롬바르디는 선수들의 연습 동선과 계획을 미리 철저히 준비했다. 그는 에이브러햄 링컨 대통령의 "준비하지 않는 것은 실패를 준비하는 것과 같다"라는 말을 철저히 신봉했다. 코치를 선발할 때도 철저한 준비 자세가 된 사람을 선호했다. 코치 면접 때 그는 코치들을 갓 미식축구를 배우려는 어린 학생처럼 다뤘다. 선수가 달리면서 상대의 패스를 가로채는 방법 등에 관한 것까지 시시콜콜 묻는 감독이 바로 롬바르디였다. 그의 밑에서 코치 생활을 했던 레드 코크런은 면접 당시 일화를 다음과 같이 표현했다.

"그가 어찌나 세세한 것까지 묻는지 미식축구교실 입단 시험을 치르는 기분이었다."

셋째는 뛰어난 커뮤니케이션 능력이다.

롬바르디는 뛰어난 커뮤니케이터이기도 했다. 선수들을 혹독하게 몰아붙였지만 결코 선수들에게 "이건 내 방식이니까 무조건 따라 하라"고 강요하지 않았다. 대신 상세한 설명과 따뜻한 격려를 잊지 않았다.

이와 관련해 롬바르디와 그린베이 패커스의 공격수였던 제리 크레이머(Jerry Kramer) 간의 유명한 일화가 있다. 한여름에 떠난 전지훈련에서 선수들은 무더위와 싸우느라 녹초가 됐다. 90분간의 강도 높은 훈련을 치른 후 크레이머가 오프사이드 점프에서 약간의 실수를 범했다. 이에 롬바르디는 불같이 화를 냈다.

"대학 선수의 한계는 5분, 고등학생은 3분, 유치원생은 30초다. 그런데 너는 그것보다 못하다. 어디서 프로 선수가 그토록 어이없는 실수를 범하나?"

연습 후 라커룸에서 크레이머는 혼자 고민에 빠졌다. 이때 롬바르디가 다가와 말한다.

"언젠가 자네는 미국 최고의 선수가 될 거야. 점프 실수를 만회할 방법을 찾아보게."

크레이머는 롬바르디에게 그 말을 들은 이후 "내 목표는 최고의 선수가 됐다. 그 방법에 매진하기 시작했고 실제로 삶이 달라졌다."고 말했다.

또한 롬바르디는 모든 선수가 다 이해할 수 있도록 천천히, 반복적으로 지도했다. 특히 그의 노트에는 다른 감독의 노트 글보다 훨씬 단순하고 짧은 글들만 적혀 있었다. 경기장에서도 결코 선수들에게 여러 가지를 주문하지 않았다. 대신 아주 작은 사항만을 철저히 익힐 것을 요구했다. 만약 한 선수라도 제대로 이해하지 못한다면 경기 중 실수를 저지를 수 있다는 이유에서였다.

롬바르디는 미식축구에서 승리하기 위해 결코 어렵고 복잡한 전술이 필요하지 않다고 여겼다. 그는 상대방보다 블로킹과 태클만 잘하면 누구든 이길 수 있다고 늘 강조했다. '단순 명료한 메시지를 반복적으로 얘기해 누구나 확실하게 이해하게끔 만들라'는 것이 롬바르디식 커뮤니케이션의 요체다.

넷째는 인생의 교본 같은 인격이다.

롬바르디는 리더십은 곧 인격이라고 생각했다. 그는 "지도자가 어느 정도의 영향력을 행사하느냐는 그 자신의 품성에 달려 있다"고 강조했다. 리더십에 관한 롬바르디의 이런 철학은 그에게 큰 영향을 미친 엄격한 종교 교육과 웨스트포인트의 문화와 무관하지 않다.

능력은 빌려올 수도, 흉내 낼 수도 있지만 다른 사람의 인격을 빌려오거나 흉내 낼 수는 없다. 리더가 성과를 내기 위해서는 뛰어난 능력과 전략적 의사결정도 필요하지만 가장 중요한 것은 그 사람 자체의 됨됨이, 즉 인격이다.

그는 선수들에게 지식을 전달해주는 지도자가 되기보다는 인생 자체의 교본이 되는 지도자가 되길 원했다. 본보기(Modeling)의 효과가 극대화되어 나타날 수 있는 조직이 바로 스포츠 팀과 군대다. 코치나 장교가 없을 때도 노장 선수와 하사관이 리더의 역할을 대신해 그 팀과 그 부대는 일사불란하게 움직일 수 있어야 한다. 그런 조직이 훌륭한 조직이다. 롬바르디는 수직적 위계질서가 엄격한 조직에서 상급자의 말이 위력을 발휘하려면 능력보다 인격이 우선돼야 한다고 굳게 믿었다.

스포츠에서뿐만이 아니라 많은 사람이 인생의 승리를 위해 거짓을 추구하고, 거짓을 좇는다. 50년 전 활동했던 롬바르디가 아직도 미국인의 우상으로 굳건히 살아남아 있는 이유는 그가 단순히 승리만을 좇는 지도자가 아니었기 때문이다. 그가 걸어간 정도(正道), 강력한 윤리의식, 절제된 성품이 이 부박한 세상에서 여전히 유효한 가치이기 때문에 그를 추앙하는 것이다. 너무 케케묵고 도덕책 같다 해도 어쩔 수 없다. 진실이란 원래 고루한 것이기 때문이다. (하정민, [Leadership in Sports ③] 빈스 롬바르디 그린베이 패커스 감독, 2011.7, 신동아 / 제임스 J 오닐 저, 이서규 역, 스포츠 리더와 성공, 2005, 지식의 날개)

2. 존 우든 UCLA 감독의 리더십

존 우든(John Wooden) 감독은 1960~70년대 UCLA를 미국 대학 최강팀으로 이끈, 그야말로 전설적인 스포츠 지도자다. 그가 오기 전 평범한 대학 팀에 불과했던 UCLA는 전미대학농구선수권대회(NCAA)에서 역사상 최다 우승인 10회 우승을 달성하며 대학 농구의 최강자로 거듭났다. 특히 1967년부터 1973년까지는 무려 7년 연속 우승을 차지했고, 단일 경기 최고 기록인 88경기 연속 승리 기록도 갖고 있다. 존 우든의 남다른 지도력과 리더십이 지금까지 미국인들에게 존경과 찬사를 받는 이유다.

존 우든의 NACC 10회 우승 이후 약 40년의 세월이 흘렀는데도 이를 제외한 NACC 최다 우승이 4회에 불과하다는 점을 감안하면 10회 우승이 얼마나 대단한 기록인지 알 수 있다. 많은 농구 전문가가 존 우든의 기록을 깨는 감독이 나오는 것은 사실상 불가능에 가깝다고 예측한다. 29년의 지도자 생활 중 통산 664승 162패로 승률 80.4%의 대기록을 남긴 존 우든은 1961년에는 선수로, 2006년에는 감독으로 농구 '명예의 전당'에 헌액(獻額)됐다. 선수와 감독으로 명예의 전당에 오른 사람 또한 그가 처음이다. 그는 현대 농구의 기초가 되는 수많은 전술을 창시했고 빌 월튼, 카림 압둘 자바 등 한 시대를 풍미한 슈퍼스타를 직접 지도했다.

그가 거둔 경이로운 성적 덕에 많은 사람은 존 우든을 UCLA가 위치한 지명을 따 '웨스트우드의 마법사(the Wizard of Westwood)'로 불렀다. 그러나 평소 소박하고 겸손한 삶을 살았던 존 우든은 이 별명을 아주 싫어했다. 자신은 마법사가 결코 아니며 그냥 선수들의 스승일 뿐이라고 늘 강조했다.

사람들이 그를 최고의 지도자로 꼽는 이유는 그가 거둔 성적 때문만이 아니다. 대중은 그가 경기의 승리보다 과정을 중요시한 최초의 스포츠 지도자라는 점을 높게 평가했다. 한때 고등학교 영어교사로도 활동했던 존 우든은 학점이나 경기의 승리로 인정받는 성공과 실패의 기준을 싫어했다. 그는 "나는 최선을 다했고 그것이 바로 성공이다. 성공은 최선의 노력을 다할 때 얻을 수 있는 자기만족과 마음의 평화"라고 말했다.

존 우든은 이 같은 철학을 단순히 말로만 그친 게 아니라 그대로 실천했다. 경기에서 이기더라도 과정이 나빴다면 이겼다고 생각하지 않았고, 특정 선수가 경기 중 상대편 선수에게 욕을 하거나 반칙을 쓰면 실력에 관계없이 다음 경기에 그 선수를 기용하지 않았다.

선수들에게 고된 훈련을 시킬 때면 중년의 나이에도 아랑곳하지 않고 10대, 20대 선수들과 똑같이 훈련을 소화했다. 유명 감독이 된 후 나이키 등 수많은 스포츠용품 회사가 거액의 스폰서를 제시했지만 이를 단호히 뿌리쳤다.

선수들에게도 패스, 풋워크 등 농구의 기술적 측면을 강조하고 가르치기보다 지각하지 않기, 동료를 비난하지 않기, 양말 제대로 신기 등 인생을 대하는 태도를 바꾸는 데 중점을 뒀다. 이게 바로 그가 경기장 안에서만 성공한 스포츠 지도자가 아니라 경기장 밖에서 더 존경받는 사람이 된 이유, 그가 남긴 말과 교육관이 전 세계 수많은 사람에게 귀감이 되고 리더십의 교본처럼 여겨지는 이유다.

존 우든 감독이 주는 경영 교훈은 다음과 같다.

첫째, 팀의 스타는 '팀'이다.

존 우든은 늘 "진정한 리더는 팀원들에게 '우리'가 '나'보다 중요하다는 것을 깨우쳐줘야 한다"고 강조했다.

많은 사람들이 그에게 어떻게 그렇게 많이 우승할 수 있었느냐고 물었다. 여기에 대해 존 우든은 이렇게 말한다.

"내가 한 일이 아닙니다. 우리 팀이 한 일이죠. UCLA 감독으로 27년간 재직하면서 나는 단 한 번도 득점하지 않았습니다. 전 다른 사람들이 득점하도록 도와줬을 뿐입니다."

그는 지도자로서 자신의 능력을 강조하지 않았고 어떤 스타 선수도 특별하게 대하지 않았다. 카림 압둘 자바가 UCLA 소속 선수였을 때 존 우든은 한 번도 그를 특별하게 대우한 적이 없었다. 존 우든은 경기에서 승리한 후 기자회견에서 주로 후보 선수들에게 공을 돌렸고, 이들의 이름을 직접적으로 언급하며 칭찬을 아끼지 않았다. 반면 카림 압둘 자바처럼 뛰어난 선수들은 다른 선수들이 보지 않는 곳으로 따로 불러 많은 칭찬을 했다. 존 우든은 "후보 선수들로 하여금 스스로 가치 있는 존재라고 느끼게 하고, 뛰어난 선수가 자신이 무시당했다는 느낌을 가지지 않도록 하려면 이 방법이 유일했다"고 말했다. 존 우든은 같은 이유로 유명 선수가 해당 팀을 떠난 후 그 선수의 등 번호를 다른 선수들이 쓰지 못하게 하는 영구 결번도 강하게 반대한 바 있다.

둘째, 시간에 대한 책임감이 없는 사람은 리더가 아니다.

존 우든은 리더가 어떻게 시간을 쓰느냐에 따라 해당 조직과 조직원 전체의 운명이 달라진다고 믿었다. 시간은 거미줄처럼 다른 이들의 시간과 얽혀 있기 때문에 끊임없이 좋고 나쁜 영향을 주고받는다는 이유에서였다.

그는 지도자로서 선수들의 시간을 가장 의미 있게 해줄 책임이 있다고 생각했다. 그의 연습 시간은 쓸데없는 낭비가 전혀 없기로 유명했다. 존 우든 감독은 항상 작은 카드 한 뭉치를 들고 팀 훈련에 나타났는데, 거기에는 그날의 훈련 계획이 1분 단위로 빼곡히 적혀 있었다. 밤마다 코치들과 머리를 맞대고 각 선수의 특성, 상대팀의 장·단점, 거기에 맞는 전략과 훈련 방향을 고려해서 만든 계획이었다.

존 우든은 밀도 있게 보낸 일 초, 일 분, 한 시간이 합쳐져서 위대한 인생을 만든다고 믿었다. 그래서 선수들에게도 늘 최선을 다하라고 주문했다.

"이 순간 너의 100%를 나에게 다오. 오늘 최선을 다하지 못하면 내일 101%를 발휘한다고 해도 메워지지 않는다. 나는 지금 이 순간 너의 100%를 원한다."

그는 일단 선수들을 모았으면 함께하는 시간을 알차게 채우기 위해 지도자로서 정말 철저히 준비해야 한다고 믿었다. 밀도 있게 시간을 쓸 때 60분을 120분으로 늘릴 수 있다. 리더십의 성공은 주어진 시간을 지혜롭게 쓰는 데 달렸다고 생각한 사람이 바로 존 우든이다.

존 우든이 철저한 시간 관리를 중시하게 된 건 퍼듀대 시절 은사 램버트 코치의 영향이 크다. 존 우든은 "램버트 코치는 한 번도 연습 시간에 연습을 중단시키고 선수들 전원을 모이게 한 적이 없었다. 특정 선수를 불러내 필요한 지침을 전달할 뿐이었다. 단체 연습 외에는 각자 포지션에 필요한 훈련을 끊임없이 하도록 해서, 아무도 시간을 대충 보낼 수 없었다. 그분이 지도하는 연습 시간에는 모두가 늘 생산적으로 움직였다."고 말한 바 있다.

이런 맥락에서 그가 가장 싫어한 건 선수들의 지각이었다. 존 우든이 인디애나주립대 감독으로 재직하던 당시의 일화다. 경기를 위해 오후 6시 정각에 출발할 예정이던 버스가 두 선수 때문에 출발하지 못하고 있었다. 공교롭게도 두 선수는 팀의 공동 주장이었고, 한 명은 존 우든 감독을 해고할 수도 있는 교장의 아들이었다. 하지만 그는 개의치 않았다. 존 우든 감독은 1분도 기다리지 않고 바로 버스를 출발시켰다. 그 사건을 계기로 존 우든 휘하의 모든 선수는 "지각하지 말라"는 감독의 말이 허언이 아님을 알게 됐다. 존 우든은 늘 "시간은 시계 이상의 그 무엇이다. 시간을 부주의하게 관리하는 리더는 리더 자격이 없다"고 강조했다.

셋째, 완벽하지 못해도 완벽을 추구하라.

존 우든 감독은 언제나 첫 번째 팀 미팅에서 선수들을 모아놓고 양말과 신발부터 늘어놓았다. 공격이나 수비 전술은 입에도 올리지 않고 선수들 앞에서 양말을 바로 신는 법, 신발 끈을 제대로 묶고 신는 법을 선보였다. 심지어 선수들로 하여금 자신의 신발을 직접 사지도 못하게 했다. 대신 그는 트레이너로 하여금 선수들의 오른발과 왼발 크기를 정확하게 재라고 지시했다. 각자 딱 맞는 신발을 신어야 경기력이 극대화된다고 생각했기 때문이다.

그의 선수들은 언제나 단정한 차림새를 해야 했다. 윗옷이 밖으로 삐져나오는 일도 용납되지 않았다. 존 우든 감독이 1948년 UCLA 감독으로 부임한 후 가장 먼저 한 일이 새 유니폼과 운동화를 주문한 일이었을 정도다. 그는 "신발 끈 같은 사소한 것에 주의를 기울여야 실전 경기에서 일어나는 수많은 돌발 상황에 대비할 수 있다. 머리부터 발끝까지 완벽한 상태일 때 선수들이 '나는 특별한 팀의 일원이며 지금 이 순간 이 팀에 소속됐다'는 자아 정체성과 단결심을 느낀다."고 강조했다.

마더 테레사는 "이 세상에는 큰일이 란 없다. 작은 일들을 사랑으로 할 뿐"이라고 말한 적이 있다. 존 우든 감독도 늘 같은 점을 강조했다. 사소한 일을 완벽하게 하려고 노력할 때 큰일도 성취할 수 있으며 작은 문제가 하나 둘 모이다보면 결국 큰 차이점을 만들어낸다는 사실을 강조했다. (하정민, 존 우든 UCLA 농구팀 감독, 2012.1, 신동아 / 존 우든·스티븐 재미슨 저, 유영만 역, 2011, 한양대학교 출판부)

3. 김성근 감독이 말하는 리더의 조건

김성근 감독은 다음과 같이 말한다. 리더는 신뢰다. 감독과 선수는 배와 물이다. 감독이 배라서 선수가 없으면 물에 뜰 수 없다. 감독과 선수 간에 서로에 대한 신뢰가 있어야 한다. 감독은 자신을 버리는 것에서부터 시작된다. 나를 버리는 것이다. 리더는 자신의 모든 것을 선수한테 바쳐야 한다.

리더는 남한테 책임을 전가 시키지 않는다. 내가 잘못 했다라고 하는 것이 리더다. 책임전가는 인생살이에서 가장 나쁜 행위 중 하나라고 생각한다. 김성근 감독은 "이호준 선수를 기용해 삼진을 당하면 이호준 선수가 나쁜 게 아니다. 그 전에 내가 왜 이호준 선수를 기용했는지를 생각하는 마음이 먼저이다."라고 말했다.

김광현 선수는 2010년 우승하자마자 박경완 포수한테 모자를 벗어 인사했다. 그것은 바로 김성근 감독의 교육 때문이었다. 김광현은 평소에 얻어맞으면 꼭 포수한테 책임을 전가시켰다. 그래서 두 번이나 2군으로 강등을 당했다. 책임을 전가시키지 마라. 얻어맞을 것 같으면 볼을 던지면 된다. 다른 사람에게 책임을 전가해서는 안 된다.

리더의 역할은 목적의식을 심어주고 공유하는 것이다. 김성근 감독은 감독되고 나서 선수들에게 구체적인 숫자를 목표로 주었다. 73승 또는 75승이라고 목적을 구체적으로 명시했다. 그냥 우승이라는 막연한 구호보다는 구체적인 숫자를 공유하면 조직이 움직인다. 전체가 하나의 목적을 갖고 나아가게 하는 것이 리더에게는 굉장히 중요한 덕목이다.

감독은 개척자이다. 개척자는 남한테 기댈 수가 없다. 나는 남한테 기댈 수가 없이 살아왔다. 모든 고통과 비난은 자기가 받고 가는 것이다. 대한민국에서 김성근만큼 비난 받은 사람도 없다. 새로운 길을 가기 위해서였다.
리더는 항상 선입관, 고정관념에서 항상 벗어나야 한다. 그래야 새로워질 수 있다. 리더는 결단하는 자이다. 감독이라는 자리에서 제일 중요한 것이 결단이다. 결단을 하려면 판단해야 하고 그러기 위해서는 준비가 되어 있어야 하며 반드시 근거가 있어야 한다. 데이터가 있어야 한다.

데이터는 버리는 것에서부터 시작된다. 데이터에 묶여 버리면 안 된다. 데이터에 갇히면 안 된다. 직감은 세심한 눈을 가지고 있어야 한다. 야구는 감성이 예민한 사람이 이긴다. 감성이 예민한 사람은 변화에 능동적으로 대응할 수 있다. 변화를 볼 수 있는 눈을 가지고 있다는 것이다. 직감이 승부수다. 감성 둔한 사람은 승부처에서 승부할 수 없다.

"리더란 위기일 때 어떻게 대응하는지를 결정하는 사람이다. 리더는 위기에 미리 준비가 되어있어야 한다. 위기가 오기 전에 준비해야 한다. 위기가 와서 움직이면 늦다. 그리고 위기의 순간, 리더는 냉정해야 한다. 위기의 순간 모든 선수와 코치가 감독을 바라보고 있다."

2010년 한국시리즈에서 김광현 선수가 포볼을 내주며 순식간에 만루위기 상황에 빠졌을 때 모든 선수와 코치가 순간적으로 위기에 봉착하고 심리적으로 공황상태에 빠지면서 흔들렸다. 순식간이었다. 그러나 김성근 감독은 마치 돌부처처럼 꼼짝 않고 앉아 있었고 그걸 본 선수들이 "아 감독한테 무슨 수가 있구나"라고 생각하면서 급속도로 안정을 되찾았다고 한다.

리더는 위기의 순간에 움직이지 않고 앞을 보고 있어야 한다. 냉정해야 한다. 해결책을 제시해 줘야 한다. 모두가 감독을 보고 있다. 야구는 순간순간 공이 움직인다. 찰나이고 순식간이기 때문에 항상 냉정해야 한다.

리더는, 그리고 감독은 모든 것을 선수에게 바쳐야 하는 것이다. 선수에 대한 지원이 중요하지, 가족에 대해 신경 써서는 안 된다. 모든 것을 바쳐야 선수와 무언의 커뮤니케이션이 된다.

리더는 고독 속에 살아야 한다. 감독할 때 괴롭고 도저히 견딜 수가 없을 때가 있다. 그때 코치나 직원을 부를 수도 있다. 그런데 그러면 지는 것이다. 내가 타협하는 것이다. 높은 곳에서 낮은 곳으로 내려오는 것은 쉽다. 높은 곳을 유지하는 것이 정말 어려운 일이다. 리더는 고독을 견뎌야 한다. 의지를 지도자가 어떻게 갖고 가느냐하는 것이 중요하다. 불쌍하다 동정하는 순간 그걸로 끝이다. 동정만큼 나쁜 것은 없다.

리더, 그리고 감독은 선수의 숨겨진 1%를 찾아서 발굴해야 하는 것이 숙명이다. 대부분의 사람들은 자신이 지닌 잠재능력의 절반 또는 1/3 정도만을 사용한다고 생각한다. 그래서 1%를 찾기 위해 연습을 많이 한다. 결과가 나빴을 때는 감독이 비난을 감수해야 한다. 타인의 비난을 신경 쓰는 사람들은 쉽게 사람을 버린다. 버리기는 쉽다. 어떤 일이 있어도 사람을 버려서는 안 된다. 1%의 가능성이라도 찾아내야 하는 것이 감독의 역할이다. 가끔 주례사를 할 때 자주 하는 말인데 절대 살면서 다른 사람과 비교하지 말라고 한다. 비교하는 것이 불행의 시작이다. 비교하면 불행해 진다. 비교라는 것은 불행에 나를 잡아넣는 것이다.

마지막으로 리더에게 필요한 것이 열의, 성의, 창의, 이 3가지이다. 열의가 있고 사람에게 성의 있게 대하는 것 그리고 아이디어와 창의적 생각이

필요하다는 것이다. (김성근, 리더는 사람을 버리지 않는다, 이와우, 2013)

4. 야구선수 경험 없는 테오 엡스타인 단장의 성공

테오 엡스타인(Theo Nathaniel Epstein) 단장은 2016년 시카고 컵스의 우승을 이끈 주역이다. 더 놀라운 점은 그는 28세에 보스턴 레드삭스의 단장이 되어 2년 만에 86년간 보스턴 레드삭스를 괴롭혀 온 '밤비노의 저주'를 깨트리고 레드삭스에게 월드 시리즈 우승 트로피를 안긴 것이다.

엡스타인은 예일대학교를 졸업한 엘리트였지만 야구선수 경험이 전혀 없었다. 그런 엡스타인이 어떻게 월드시리즈 3회 우승과 194년간이나 괴롭혀 온 저주를 깨트린 '저주 파괴자'가 되었을까?

엡스타인이 높게 평가 받는 이유는 3번의 월드 시리즈를 우승할 때마다 각기 다른 방안을 제시해 성과를 냈다는 점 때문이다. 새로운 환경의 문제를 기존 방식이 아닌 아무도 시도해 보지 못한 그만의 방식으로 문제를 해결하고, 나아가 성과를 내면서 지속 성장을 위한 방안을 제시했다는 것이다. 엡스타인의 주요 전략은 다음과 같다.

첫째, 저주는 허상이고 패배주의의 그림자일 뿐이다.

엡스타인은 팀 전체에 팽배해 있는 패배주의가 바로 저주라고 인식했다. 그는 저주를 깨트리기 위한 실행을 강조했다. 그래서 월드시리즈 우승 경험이 있는 세 명의 자유계약선수를 영입했다. 이 선수들로 하여금 다른 선수들이 갖고 있는 저주에 대한 두려움을 극복하게 함으로써 월드 시리즈 우승을 이뤄냈다.

둘째, 야구의 속성과 승리 방식을 정확하게 인식했다.
야구에 지름길은 없다. 야구는 실패를 통해 완성된다. 타자는 승리를 쟁취하고, 투수와 수비수는 그 승리를 지킨다. 엡스타인은 효과적인 업무 수행을 위해 조직 전반을 잘 운영하는 것이 중요함을 인식하고 있다. 특히 인적 자원이나 물적 자원을 야구의 속성에 맞게 준비시켜야 함을 강조한다.

셋째, 조직 내부에 '소통의 실크로드'를 구축했다.
엡스타인은 각 조직이 화합할 때 하나의 팀이 되어 승리할 수 있다고 믿었다. 엡스타인은 몇 몇 스타 선수를 중심으로 팀을 운영하기 보다는 선수의 스카우트와 육성을 동시에 해내는 방식을 선호했다.

넷째, 유망주 육성과 열린 경쟁 구조로 지속 성장을 모색했다.
엡스타인은 팀의 단기성과에 연연하지 않았다. 그보다는 장기적인 비전을 가지고 팀의 미래를 준비했다.

다섯째, 잘못을 솔직히 인정하고 실패에서 크게 배웠다.
엡스타인은 자신이 영입한 선수들이 실적을 내지 못하는 등 자신의 잘못이 드러날 경우 재빨리 이를 인정하고 대처하는 면모를 보였다.

(신호종, 테오 엡스타인에게 배우는 33 역량, 넥서스BIZ, 2017)

어떻게 미래를 대비할 것인가?

- 조바심을 내지 않는다, 끝까지 포기하지 않는다

- 새로운 아이디어나 제안은 쉽게 죽어 버린다

- 직원의 성장을 이끌어 줄 좋은 멘토가 필요하다

- 대안이 있는 회사를 만들어라

- 불확실한 미래에 살아남는 방법

제8부

어떻게
미래를 대비할 것인가?

1. 조바심을 내지 않는다, 끝까지 포기하지 않는다

 오랜 세월 사하라 사막을 횡단하며 살아온 유목민들은 "사람들이 오아시스에 도달하기 전에 쓰러지는 것은, 더위와 갈증 때문이 아니다. 인간의 조바심 때문이다."라고 말한다.

 박완서는 '못 가본 길이 더 아름답다'라는 책에서 "자동차 바퀴가 사막 모래(모래 구덩이)에 빠져 꼼짝달싹 못하게 되었다. 어떻게 해야 자동차가 빠져나올 수 있을까? 가속 페달을 마구 밟는다고 빠져나올 순 없다. 헛바퀴만 돌 뿐이다. 사막 모래에서 빠져나오는 방법은 다음과 같다. 자동차 타이어의 바람을 살짝 빼주고 가속 페달을 밟으면 쉽게 빠져나올 수 있다. 꽉 채우는 것 보다는 때론 조금 비우며 사는 게 더 현명하다. 인생길을 가면서 너무 조급하고 조바심 낼 필요는 없다. 때론 느려도, 좀 모자란 듯해도 좋은 거다."라고 이야기 한다. (박완서, 못 가본 길이 더 아름답다, 현대문학, 2010년)

도종환 시인의 시집 '흔들리지 않고 피는 꽃이 어디 있으랴'를 읽어 볼 일이다. 삶의 여정은 시련과 장애물로 가득하다. 성공의 결정적 요인은 장애물을 돌파하는 힘이라는 것을 느낄 필요가 있다.

> 흔들리지 않고 피는 꽃이 어디 있으랴
> 이 세상 그 어떤 아름다운 꽃들도
> 다 흔들리면서 피었나니
> 흔들리면서 줄기를 곧게 세웠나니
> 흔들리지 않고 가는 사랑이 어디 있으랴
> 젖지 않고 피는 꽃이 어디 있으랴
> 이 세상 그 어떤 빛나는 꽃들도
> 다 젖으며 젖으며 피었나니
> 바람과 비에 젖으며 꽃잎 따뜻하게 피웠나니
> 젖지 않고 가는 삶이 어디 있으랴
>
> 「흔들리며 피는 꽃」 전문

알 파치노(Al Pacino)는 영화 '애니 기븐 선데이(Any Given Sunday)'에서 "풋볼이란 1인치의 게임이다. 실은 인생도 그렇다. 그 1인치는 도처에 널려 있고 그것들이 모여 승패와 생사를 좌우한다. 어떤 종류의 싸움이건 죽을 각오가 된 자만이 1인치를 찾아낸다. 내 소원은 그 1인치를 찾다 죽는 것이고 그게 인생이다."라는 명대사를 남겼다.

짐 콜린스(Jim Collins)에 따르면 성공한 기업의 리더들은 탁월한 비전 제시나 위험 해결에 능한 사람이 아니라고 한다. 오히려 아주 실증적이며 어떤 환경에도 흔들림 없이 자기 길을 묵묵히 걸어가는 절제된 사람들이라는 것이다. 아무리 천재적인 재능과 두뇌를 가졌어도 소위 한탕을 노리거나 감에만 의존해서는 조직을 지속적으로 성장시키기 어렵다는 의미이다. 그는 애플(Apple)의 스티브 잡스(Steve Jobs)처럼 한 번 정한 목표는 달성할 때까지 끈질기게 달라붙는 리더가 성공한다고 주장한다. (짐 콜린스 저, 이무열 역, 좋은 기업을 넘어 위대한 기업으로, 김영사, 2002년)

작은 납품회사에서 출발해 소형모터 업계에서는 세계 최고의 기업이 된 일본전산(日本電産株式⬜社)의 나가모리 시게노부(永守重信) 사장은 성공비결을 '배(倍)의 법칙'과 '절반의 법칙'으로 설명한다. 간단히 말해 남보다 앞서려면 무조건 두 배 오래 일하고, 절반의 기간 내에 목표를 달성하는 것 외에는 방법이 없다는 것이다.

정신노동이든 육체노동이든 남들보다 시간과 노력을 두 배나 들이면 누구든 이길 수 있다는 것이 그의 철학이다. 창업 당시 나가모리 사장과 동료들은 일반적인 근로시간의 두 배인 하루 16시간 근무를 기본으로 삼았다. 하루는 대기업연구소에서 모터 크기를 3개월 안에 절반으로 줄이면 거래를 하겠다는 제안을 받고, 모든 직원이 밤낮으로 씨름하였지만 납기 15일을 남겨 놓은 시점에서 겨우 15%가량 줄이는 데 그치고 만다. 경과보고를 하러 간 나가모리 사장은 같은 주문을 받은 몇 군데의 대기업들이 너무 어려워 다 포기했다는 사실을 눈치 채고는 돌아와 더 노력하였다. 결국 18% 정도 줄이는 데 그쳐 나가모리 사장 일행은 의기소침해졌지만, 최종 제품을 받아본 연구소에서는 3개월 만에 18%나 줄인 것 자체가 기적이라며 그 즉시 발주를 하였다. (김성호, 일본전산 이야기, 쌤앤파커스, 2009년)

이노우에 다쓰야(井上達也)는 '대기업과 싸워서 이기는 작은 회사 사장의 전략'이라는 책에서 성공을 위해서 집념이 중요하다는 점을 다음과 같이 강조하고 있다.

사장은 늘 공포와 싸우고 있다. 그러나 그 공포를 이겨냈을 때의 기쁨은 월급쟁이는 상상도 할 수 없을 만큼 크다. 세상일은 어떻게 될지 아무도 모른다. 잘나가던 회사가 순식간에 무너질 수도 있고 지금은 형편없는 사장, 돈을 못 버는 사장이 역전할 가능성도 크다. 꿈을 믿고 열심히 일하는 동시에 잠을 줄이고 공부하면 반드시 활로가 열린다. 꿈같은 성공 비밀은 없다. 우리를 성공으로 이끄는 것은 집념이다. 원망이나 컴플렉스 같은 부정적 심리에서 나온 집념이든. 큰 부자나 유명인이 되고 싶다는 긍정적인 집념이든 상관없다. 사장을 성공의 자리에 이르도록 만들어 주는 것은 달성하겠다는 마음, 즉 집념과 용기이다. (이노우에 다쓰야 저, 최려진 역, 대기업과 싸워서 이기는 작은 회사 사장의 전략, 마일스톤, 2014년)

영화 '파운더(The Founder)'는 맥도날드(McDonald's)를 창업한 레이 크록(Raymond Albert Kroc)의 성공기를 다룬 영화이다. 이 영화에 나오는 감명 깊은 대사를 소개한다. 영화는 이렇게 시작한다.

"자, 이런 생각하고 계시지요? 52살 먹은 한물간 밀크쉐이크 가게 외판원이 어떻게 미전역 50개주와 해외 5곳에 매장 1,600개를 갖고 매년 약 7억 달러를 벌어들이는 패스트푸드 왕국을 건설했냐고요. 비결이 뭔지 궁금하실 겁니다."

이어서 이런 대사가 이어진다. 믹서기 영업사원이었던 맥도날드 프랜차이즈 설립자인 레이 크록이 한 모텔에서 '긍정의 힘' 레코드를 듣는 장면에서 나오는 대사이다.

"이 세상의 어떤 것도 끈기를 대신하지 않는다. 재능? 재능이 있어도 성공하지 못한 이들보다 흔한 것은 없다. 천재성? 보람 없는 천재성은 거의 진부한 얘기다. 교육? 세상은 교육받은 바보들로 가득하다. 오로지 끈기와 결단만이 힘을 발휘한다(Nothing in this world can take the place of good old persistence. Talent won't. Nothing's more common than unsuccessful men with talent. Genius won't. Unrecognized genius is practically a clich. Education won't. Why the world is full of educated fools. Persistence and determination alone are all powerful)."

오로지 〈끈기〉와 결단력만이 모든 것을 해결해주는 원동력이란 것이다.

파부침주(破釜沈舟)는 '사기(史記)' 항우본기에 나오는 말로 밥을 지을 솥을 깨트리고 돌아갈 배를 가라앉힌다는 의미를 담고 있다.

초(楚)나라의 항우(項羽)가 진(秦)나라와 거록(鋸鹿)에서 싸울 때, 강을 건너는 배를 가라앉히고, 솥과 시루를 깨뜨려 죽을 각오(覺悟)로 싸워 크게 이긴 데서 연유한 말로, 항우는 진(秦)나라를 치기 위해 직접 출병하기로 했다.

항우의 군대(軍隊)가 막 장하를 건넜을 때였다. 항우는 갑자기 타고 왔던 배를 부수어 침몰시키라고 명령(命令)을 내리고, 뒤이어 싣고 온 솥마저도 깨뜨려 버리고 주위의 집들도 모두 불태워버리도록 했다. 그리고 병사들에게는 3일 분의 식량을 나누어 주도록 했다. 이제 돌아갈 배도 없고 밥을 지어 먹을 솥마저 없었으므로, 병사들은 결사적으로 싸우는 수밖에 달리 방법이 없었다. 과연 병사들은 출진하라는 명령(命令)이 떨어지기가 무섭게 적진을 향해 돌진했다. 이렇게 아홉 번을 싸우는 동안 진(秦)나라의 주력부대는 궤멸되고, 이를 계기로 항우는 제장(諸將)의 맹주가 되었다. (사기, 항우본기)

봉산개도 우수가교(逢山開道, 遇水架橋)란 산을 만나면 길을 만들고 물을 만나면 다리를 놓는다는 말로 중국의 '삼국지연의'에 나온다. 적벽대전에서 유비에게 패한 조조가 도망을 가던 중 부하들이 "길이 좁은 데다 새벽 비에 파인 진흙 구덩이에 말굽이 빠져 갈 수 없다"고 하자 호통을 치며 한 말이다. 조조는 "군대는 산을 만나면 길을 만들고 물을 만나면 다리를 놓아 행군하는 법이다. 진흙 구덩이쯤 만났다고 행군을 못한다는 것이 말이 되느냐"며 "흙을 나르고 섶을 깔아 구덩이를 메우고 행군하라"고 명령했다. (삼국지연의, 적벽대전)

회사를 경영하는 가운데 어려움을 만나면 '봉산개도 우수가교'의 사고가 필요하다. '산을 만나면 길을 만들고, 강을 만나면 다리를 놓는다'는 이 말은 큰 어려움이 닥쳐와도 좌절하지 않고 어려운 상황을 극복해야 한다는 것을 상기시킨다.

2. 새로운 아이디어나 제안은 쉽게 죽어 버린다

새로운 아이디어는 연약해서 비웃음이나 하품을 받으면 죽어버린다. 그리고 창의력의 가장 큰 적은 '빨리빨리' 문화라고 한다. 조승연은 '비즈니스 인문학'이라는 책에서 창의성과 시간과의 관계를 설명했다. 초등학생들에게 시계를 1분 안에 그리라고 했더니 아이들이 모두 같은 모양의 시계를 그렸다. 그런데 그 아이들에게 다시 5분 안에 그리라고 했더니 이번에는 여러 가지 재미있는 그림이 나왔다는 것이다.

우리나라의 관리자들은 보고서 등의 과제 제출이 임박해서야 자기가 원하는 것을 정확하게 말해 직원들이 허겁지겁 일을 하게 만드는 경우가 많다. 과제를 명확하게, 미리미리 제시해 직원들이 여유 있게 이를 끝낼 수 있도록 해 주어야 창의적인 결과가 나온다는 것이다. (조승연, 비즈니스 인문학: 언어천재 조승연의 두 번째 이야기 인문학, 김영사, 2015년).

영국의 유명한 식물학자 알프레드 러셀 월리스(Alfred Russel Wallace)가 연구실에서 나비를 관찰할 때였다. 고치에서 빠져나오려고

애쓰는 나비를 보면서 윌리스는 안타까운 마음을 가졌다. 빈틈없는 고치는 연약한 어린 나비가 뚫고 나오기에 너무도 단단해 보였다. 고통스러워하는 나비의 '투쟁'을 보면서 윌리스는 칼로 고치의 옆 부분을 살짝 그었다. 나비는 쉽게 빠져나왔지만 잠시 날개짓을 하다 곧 축 늘어져 죽고 말았다.

나비에게 있어서 고치 집을 뚫고 나오는 고통과 험난한 투쟁은 생존을 위한 최소한의 필요였다. 그의 성급한 도움이 나비가 살아가기 위해 필요한 힘을 얻어야 할 과정을 박탈한 것이었다. 이 이야기의 또 다른 교훈은 '고통 없이 얻어지는 건 없다(No Pain, No Gain)'일 것이다. (아시 칼리안드로, 베리 렌슨 공저, 이기문 역, 행복한 삶을 사는 10가지 원칙, 시아출판사, 2002년)

대나무 중에 최고로 치는 모죽은 씨를 뿌린 후 5년 동안 아무리 물을 주고 가꾸어도 싹이 나지 않는다고 한다. 하지만 5년이 지나고 나선 손가락만한 죽순이 돋아나 주 성장기인 4월이 되면 갑자기 하루에 70-80센티미터씩 자라기 시작해 30미터까지 자란다고 한다. 그렇다면 왜 5년이란 세월 동안 자라지 않았던 것일까? 의문을 가진 학자들이 땅을 파 보았더니 대나무의 뿌리가 사방으로 뻗어 10리가 넘도록 땅속 깊숙이 자리 잡고 있었다고 한다.

발묘조장(拔苗助長)이라는 말이 있다. 맹자(孟子)의 '공손추(公孫丑)'에 나오는 이야기로 급하게 서두르다 오히려 일을 망친다는 의미의 사자성어이다. 송(宋)나라에 어리석은 농부가 있었다. 모내기를 한 이후 벼가 어느 정도 자랐는지 궁금해서 논에 가보니 다른 사람의 벼보다 덜 자란 것 같았다. 급한 마음에 이 농부는 벼의 순을 잡아 빼보았고 느낌에 약간 더 자란 것 같았다. 집에 돌아와 식구들에게 하루 종일 벼의 순을 빼느라 힘이 하나도 없다고 이야기하자 식구들이 기겁하였다. 이튿날 아들이 논에 가보니 벼는 이미 하얗게 말라 죽어버린 것이다. 농부는 벼의 순을 뽑으면 더 빨리 자랄 것이라고 생각해 그런 어처구니없는 일을 했다.

맹자는 이 성어를 군주가 백성들을 통치함에 있어 자신의 생각만을 강요하게 된다면 결국 백성의 마음이 떠나게 될 것이라는 의미로 사용한 것이다.

공자도 '서둘러 가려다 오히려 이르지 못한다(欲速則不達)'고 하였다. 한국 속담에도 '급할수록 돌아가라'는 말이 있듯이 모든 일에는 순리가 있으며 그 순리를 거슬러 억지로 빨리하려고 서두르면 도리어 상황이 더욱 악화될 수 있다. 여기서 순리를 거스르며 무리하게 나쁜 일이 생기도록 한다는 의미의 조장(助長)이라는 단어가 생겨났다.

3. 직원의 성장을 이끌어 줄 좋은 멘토가 필요하다

멘토(Mentor)란 그리스 신화에서 유래된 단어이다. 고대 그리스의 왕 오디세우스(Odysseus)가 트로이 전쟁에 출정하면서 가장 믿을 만한 친구에게 자기 아들을 부탁했다. 그 친구의 이름은 '멘토르(Mentor)'였다. 그후 멘토르는 10년 동안 오디세우스의 아들인 텔레

마코스(Telemachos)의 친구이자 상담자, 때로는 아버지가 되어 돌보아 주었다. 왕자는 멘토르에게 인생의 지혜와 삶의 철학까지 모든 것을 배울 수 있었다. 이렇게 해서 멘토라는 단어는 충실하고 현명한 조언자 또는 스승, 혼자만의 비밀을 털어놓을 수 있는 사람 등의 의미로 사용되게 되었다.

직원들에게는 나를 비판하거나, 평가하지 않을 것이라는 믿음을 가지고 마음을 터놓고 얘기할 수 있는 멘토가 필요하다. 그들은 당신의 친구나, 선배, 직장상사일 수도 있고 신부, 스님, 목사일 수도 있다. 상사가 아니라 멘토가 되어보자.

장영희는 '살아온 기적 살아갈 기적'에서 다음과 같이 인연과 멘토링의 중요성을 강조했다.

사람의 관계에서
우연은 1%, 노력은 99%입니다.

아무리 좋은 인연도
서로의 노력 없이는 오래갈 수 없고

아무리 나쁜 인연도
서로가 노력하면 좋은 인연이 됩니다.

모든 인연이 좋은 인연이 될 수 있게

서로를 이해하고 배려할 줄 알아야 합니다.

타인보다 내가 먼저

좋은 사람이 되어주고

고마운 사람이 되어주세요.

진실한 사람이 되어주고

따뜻한 사람이 되어주세요.

착한 이별을 하고

그리운 사람으로 남아

오래도록 기억되는 사람이 되세요.

'소취하 약취평'

소주에 취하면 하룻저녁이 즐겁고,

약초에 취하면 평생이 즐겁다.

라는 말~

들풀도

모르면 잡초요,

알고 나면 귀한 약초 입니다

(장영희, 살아온 기적 살아갈 기적, 샘터, 2009년)

'논어' 안연편에 군군신신부부자자(君君臣臣父父子子)라는 말이 나온다. 제나라의 임금인 경공(景公)이 정치에 대해 묻자 공자(孔子)가 한 대답이다. 풀이하면 "임금은 임금다워야 하고 신하는 신하다워야 하며 아비는 아비다워야 하고 자식은 자식다워야 한다"이다.

임금과 신하, 아버지와 자식은 종속적인 관계가 아닌 서로 배려하고 존중하는 관계여야 하며 모든 사회적인 인간관계에서 정명을 이루는 것을 공자는 이상으로 여겼다. 이는 자기에게 주어진 직분에 최선을 다하고, 기본을 지키자는 의미로 받아들여진다.

봉생마중 불부이직(蓬生麻中, 不扶而直)은 중국의 고전 '순자(荀子)'에 나오는 말로 굽어지기 쉬운 쑥대도 삼밭 속에서 자라면 저절로 곧아진다는 뜻이다. 쑥은 보통 땅바닥에 딱 달라붙어 자란다. 그런 쑥도 위쪽으로 똑바로 자라는 대마 속에서 자라면 그 영향을 받아 똑바로 성장한다고 한다.

사람도 마찬가지로 좋은 환경이나 친구 관계 속에서 성장하면 그에 감화되어 훌륭한 인간으로 성장한다고 한다. 순자는 이 말을 한 뒤 "군자는 반드시 땅을 골라 머물 자리를 정하고 뛰어난 인물과 사귄다. 이롭지 못한 것을 멀리하고 옳은 것을 가까이 하기 위함이다."라고 말했다.

실제로 사람은 자라는 환경에 따라 좌우되는 경우가 많은 것 같다. 그리고 그런 환경은 마음만 먹으면 바꿀 수도 있는 것이다. 자기에게 좋은 환경을 만드는 것도 결국은 자신의 의사이며 자기의 책임이다.

흰 모래가 검은 흙과 섞이면 검은 모래가 된다는 말처럼, 인간은 누구를 만나고, 누구와 함께 하느냐에 따라 그 사람의 일생이 좌우되는 것이다.

4. 대안이 있는 회사를 만들어라

현대 협상학에서 갑과 을은 어떻게 나눌까? 물건이나 서비스를 제공하는 사람이 을이고 그것을 돈 주고 사는 사람은 갑으로 구분하는 것은 옛날 방식이다. 현대 협상학에서는 누가 사고 누가 파느냐는 중요하지 않다. 갑은 협상이 깨졌을 때 대안(BATNA : Best Alternative to Negotiated Agreement)이 있는 사람이라는 것이다. 이 이론을 적용하면 대기업도 갑이 아닐 수 있다.

교토삼굴(狡兎三窟)이란 꾀 많은 토끼는 세 개의 굴을 준비한다는 의미이다. '사기' 맹상군열전(孟嘗君列傳)과 전국책(戰國策)에 배경이 되는 고사가 실려 있다.

제나라의 재상이었던 맹상군은 3천여 명에 달하는 많은 식객을 거느리고 있었는데, 그 중에 괴짜처럼 보이는 풍환이라는 인물이 있었다. 당시 맹상군은 많은 식객을 부양하기 위한 돈을 벌기 위해 옆 마을의 주민 1만 가구를 대상으로 돈놀이를 하고 있었는데, 이들이 돈을 제때 갚지 않아 근심에 빠져 있었다. 이에 풍환이 나서며 그 문제는 자신이 해결할 것이니, 받은 돈으로 무엇을 할까 물었다. 맹상군은 풍환에게 "집에 없는 것을 사 오라"며 풍환을 떠나보냈다.

그런데 옆 마을에서 돌아온 풍환을 보니 이자만 받고 원금은 없었다. 맹상군이 어찌된 일이냐고 묻자 풍환은 "차용증을 불태우고 집에 없는 의리와 인정을 사 왔다"고 답한다. 맹상군은 풍환의 뜻을 이해하지 못하고 이를 대단히 마뜩찮게 여긴다.

그 일이 있은 지 1년 뒤 맹상군이 제나라 민왕에게 미움을 사 재상 자리에서 물러나고 식객이 뿔뿔이 흩어지게 되어 풍환만이 곁에 남게 됐다. 그러자 풍환은 일전에 돈을 빌려주었던 옆 마을에서 살 것을 권유한다. 실의에 빠진 맹상군이 옆 마을에 당도하자 주민들이 그를 열렬히 환영했다. 그제야 풍환의 뜻을 깨달은 맹상군에게 풍환은 "꾀 많은 토끼는 세 개의 굴을 뚫는다"며 이제 겨우 한 개의 굴을 뚫었을 뿐이라고 답한다.

이후 풍환은 위(魏)의 혜왕에게 맹상군을 등용하면 제나라를 견제할 수 있다고 설득하여 혜왕으로 하여금 세 차례나 맹상군을 찾아와 중용을 권유하게 한다. 그러나 풍환은 자신이 혜왕을 꼬드겼음에도 맹상군에게 혜왕의 제안에 응하지 말라고 한다. 이후 혜왕이 몇 차례나 맹상군을 찾아왔다는 사실이 알려지며 민왕이 맹상군의 가치를 다시 깨닫고 맹상군을 다시 중용하게 된다. 이것이 두 번째의 굴이다.

풍환은 종묘가 맹상군의 영지에 있다면 민왕이 다시 변심한다하더라도 맹상군을 어찌하지 못할 것이라는 치밀한 계산 하에 민왕을 설득하여 맹상군이 살고 있는 옆 마을에 제나라의 종묘를 만들게 한다.

세 개의 굴을 완성한 풍환은 "이제 세 개의 굴이 모두 완성되었으니 이제부터 주인께서는 베개를 높이 하고 편안히 주무셔도(高枕安眠)될 것"이라 말한다.

이 고사의 의미는 미래에 대비하여 준비를 철저히 해 두면 화가 없다는 뜻이다. 유비무환(有備無患)과도 일맥상통한다고 할 수 있다.

5. 불확실한 미래에 살아남는 방법

미래는 부정적으로 봐도 안 되지만 긍정적으로 봐도 안 된다. 미래는 객관적으로 봐야 한다. 객관적으로 본다는 것은 감정을 담지 않고 그대로 본다는 것이다. 다가올 미래가 위기라고 두려워하지 말고 내가 돌파할 수 있는 역량 안에서 해법을 전략적으로 찾아야 한다.

세계는 무한히 변한다. 늘 불확실한 상태가 지속되고 있으며 위험은 항상 도사리고 있다. 이건 비단 개인에게만 해당되는 말이 아니다. 오히려 기업에게 더 공감되는 이야기라고 봐도 무방하다. 우리는 언제나 위협에 노출되어 있으며 세계정세는 급변하기 때문에 이에 대한 대비가 필요하다.

다음은 최윤식의 책 '2030 대담한 미래2, 지식노마드'에서 발췌한 생존전략에 대한 것이다. 이 책은 국내 상황과 기업의 상태 특히 삼성의 문제점에 대해서 본격적으로 다루고 있다. 그리고 중국, 미국과 같은 강대국의 부상에 한국의 역할에 대해 강조한다.

　미래사회는 불확실성의 연속이다. 그리고 생존은 필연적이다. 이에 대해 최윤식 교수는 다음과 같은 3가지 능력을 갖추라고 전하고 있다.

　첫째, 인문학 능력이다.

　인문학 능력은 사회의 화두가 되었다. 그렇다면 인문학은 왜 필요할까? 책에서는 인문학 능력을 배양하는 것이 사람의 정신과 사람들의 연결에 관한 지식을 제공한다고 말한다. 인문학은 말 그대로 인간에 대한 학문이다. 소설, 수필, 역사, 시 등 언어적 심미안을 활용한 모든 커뮤니케이션의 집합체이자 사회의 배경을 나타낸다. 결국 인문학을 습득한다는 것은 한 사회와 한 인간의 내면을 이해하는 것이라고 볼 수 있다. 철학과 미학처럼 깊이 있는 사고를 깨치면 더 좋긴 하겠지만 그렇게 이해하기 어렵더라도 인문학을 통해 사람과 사회의 간격에 대한 이해를 거두는 것이 필요하다. 따라서 깊이 있는 사고와 복잡한 사회를 이해하는 것이야말로 미래의 불확실성을 이기는 첫 번째이다. 관계를 통해 사람은 힘을 발휘하고 정보를 얻고 생존을 할 수 있기 때문이다. 인간은 협력하는 군집이다.

　둘째, 경제에 관한 정보능력이다.

　우리나라 사람은 '돈'을 좋아하면서 '돈'에 관해서 인색하고 '돈'을 드러내면 천박하다고 여긴다. 유교적 영향을 오랫동안 습관처럼 받았기 때문이라고 볼 수 도 있는데 이것은 매우 잘못된 생각이다. 경제에 관산 정보

지식은 이 사회를 살아가는 가장 첫 번째 지식이라고 해도 과언이 아니다. 인문학이 사람과 사회에 관한 관계에 대해 이해를 이야기한다면 경제지식은 사람과 사회에 관한 생존에 대한 이해를 이야기한다고 볼 수 있다. 경제지식의 무장이야말로 기득권과 불확실성을 이길 수 있는 유일한 무기가 될 것이다. 경제신문을 읽고 따라 하고 이해하라는 것은 아니다. 소득의 구조를 바꾸는 것부터 시작하라. 소비의 패턴을 변화시키는 시작은 지금 당장 할 수 있는 일이다. 허위, 과장광고는 매일 소비를 부추기고 사람을 조급하게 만들기 때문에 수익이 쉽게 주머니 속에서 빠져나가는 것이다. 지금 당장 문제를 해결할 수 있는 능력을 키우는 것은 물론 앞으로 미래를 준비하기 위해서는 경제지식으로 무장해야 한다.

셋째, 신기술 능력이 미래의 승패를 가를 것이다.

신기술은 기업에게만 해당하는 것이 아니다. 기업은 신제품, 신기술을 통해 특허/로열티/브랜드의 힘을 갖게 될 것이다. 또한 이는 기업이 지속 가능한 경영을 이룰 수 있는 가장 좋은 도구가 될 것이다. 한미약품은 몇 조가량의 수출 성과를 올린 바 있다. 바로 신약개발에 성공해서인데 이로서 또 한 번 점프-업하는 생존 기회를 얻었다. 기업은 지속 가능한 경영을 위해 계속해서 신기술, 신제품 개발에 열과 성을 올려야 할 것이다.

현상유지도 좋지만 기업은 연속성을 가질 수 없다. 개인은 어떻게 해야 할까? 지금 당장 필요한 자신의 능력을 키우는 것을 추천한다. 이는 직장인이라면 관련 직종과 직업에 관한 일부터 시작하는 것이 좋다. 글로벌 사회가 된다고 누구나 영어/중국어 등의 외국어에ㅋ 매진할 필요는 없다. 앞으로 기술의 발전은 번역과 통역에 대해서 보다 폭넓고 질 높은 서비스를 제공할 것이다. 자신의 무기를 개발하는 것이 필요하다. (최윤식, 2030 대담한 미래2, 지식노마드, 2014년)

제9부

성공한 리더들의 공통점

1. 긍정의 힘에 주목하라

우리는 '긍정'이 가지는 힘에 대한 이야기를 많이 듣는다. 긍정의 힘은 눈에 보이지 않지만, 세상의 많은 리더들이 여러 사례를 통해 긍정의 힘을 강조한다. 여기서 말하는 '긍정적'이라는 단어는 수긍의 의미보다 건설적·생산적·호의적이라는 단어에 더욱 가깝다.

미국에서 발행되는 주간지 '토요리뷰(Saturday Review)'의 노만 카슨 편집장이 완치확률 0.2%의 난치병을 이겨낸 사례는 긍정적인 마음가짐의 중요성을 잘 나타낸다.

모든 관절이 약해져 몸을 움직일 수 없는 무서운 난치병에 걸린 노만 카슨은 어느 날 병상에서 우연히 한 건강 서적을 읽고 큰 충격을 받았다.

'부정적인 정서는 신체에 나쁜 영향을 미친다. 긍정적인 생각은 살균작용을 한다.'

노만 카슨은 그날부터 정서에 부정적인 영향을 줄 만한 책과 TV프로는 전혀 보지 않았다. 비극적이거나 폭력적인 것들을 피하고 창조적이고 긍정적인 것만 읽고 보았다. 그리고 누구도 자신에게 부정적이거나 비극적인 말을 하지 않도록 당부했다. 그의 병실에는 즐거운 음악이 흘렀고 희망적인 책들이 가득 쌓였다. 이후 노만 카슨은 1년 후 퇴원했다. 그의 표정은 입원할 때보다 훨씬 밝았다고 한다.

인간은 심리적인 동물이다. 진취적이고 낙천적인 마음가짐은 그대로 육체에 전달된다. 마음의 근심은 뼈를 마르게 하지만, 긍정적인 생각은 질병을 내쫓는다.

긍정적인 마음가짐(Positive Mind)를 실현함에 있어 추천해주고 싶은 이야기가 있다. 바로 박성철의 '희망 도토리 : 꿈을 실현시켜 주는 65가지 이야기' 중 구멍 난 주머니에 대한 이야기이다.

이 이야기의 주인공은 사람들이 하는 이야기를 메모지에 적는 특이한 습관의 소유자로, 항상 행복한 삶을 살고 있다. 그는 늘 바지의 한쪽 주머니에 구멍을 내고 다녔는데, 어느 날 그의 친구가 그 이유를 물었다.

"자네는 왜 한쪽 주머니에 구멍을 내고 다니고, 또 사람들이 자네에게 하는 이야기를 메모지에 적는 건가?"

이에 그는 미소를 지으며 말했다.

"나는 오른쪽 주머니는 그대로 두고, 왼쪽 주머니는 구멍을 뚫고 다니네. 나는 사람들이 하는 이야기 중에서 칭찬이나 친절한 아름다운 이야기는 오른쪽에, 욕설이나 비난 같은 것은 왼쪽 주머니에 넣어 두네. 그리고 집으로 돌아가 주머니에 있는 것들을 꺼내어 보네. 언제나 오른쪽 주머니에는 많은 말들이 들어있지만, 왼쪽 주머니에는 아무 것도 남아 있질 않네. 좋은 일, 좋은 것을 기억하고, 나쁜 일, 나쁜 말은 잊어버리는 것. 그것이 내가 평화롭게 세상을 살아가는 방법이라네." (박성철 저, 희망 도토리 : 꿈을 실현시켜 주는 65가지 이야기, 샘터, 2006년)

노만 카슨의 사례에서 긍정의 힘이 지닌 잠재력을 엿볼 수 있었다면, 구멍 난 주머니를 가진 사내의 이야기에서는 긍정적인 마음가짐을 만드는 방법을 살펴볼 수 있다.

건강한 정신에서 바른 자세가 나오고, 자세가 발라야 올바른 행동이 가능하다. 정신과 육체는 떼려야 뗄 수 없는 불가분의 관계이기 때문에 멘탈(Mental, 생각하거나 판단하는 정신)을 관리하는 것은 중요한 문제이다. 긍정적인 마음가짐은 건강한 멘탈을 만든다.

2. 성공을 만드는 작은 행동

크고 단단한 쇠창살로 만든 문이라도 이 문을 열기 위해 필요한 것은 작은 열쇠이다. 마찬가지로, 아무리 대단하고 거창한 성공이라도 이는 아주 작은 습관과 행동에서 시작되기 마련이다. 모든 성공한 리더들의 공통점 중 하나는 그들의 몸에 밴 사소한 습관과 행동들이 큰 성공의 열쇠가 됐다는 점이다.

존 크럼볼츠와 라이언 바비노가 함께 저술한 '천 개의 성공을 만든 작은 행동의 힘'이라는 책을 읽는다면 작은 행동이 지니는 강력한 파괴력에 대해 보다 공감할 수 있다. 다음은 이 책에서 소개하는 성공을 위한 몇 가지의 규칙이다.

첫째, 즐거움이 삶의 방식을 결정한다.

'돈을 좀 더 벌고 나면, 살을 좀 빼고 나면, 사랑하는 사람을 만나게 되면, 내 상황이 좀 더 당당해 지면, 현재의 불행이 사라질 거야'

보이는가? 당신은 현재의 문제가 해결되지 않는 한, '즐거움은 없다'는 것을 전제로 둔 것이다.

둘째, 실패는 실천의 또 다른 방법이다.

실수를 한다고 죽지는 않는다. 틀린 말을 하거나 어설픈 아이디어를 따라 한다고 해도 마찬가지다. 오히려 실패를 피하려는 삶이 당신을 구속한다.

셋째, 천 개의 성공을 만드는 본질은 무엇인가?

대부분의 사람들은 대범할 정도의 큰 성공을 목표로 삼는다. 그러나 모든 과제를 수행하기 전에 중도에 멈춰버릴 가능성이 얼마나 높은지 알게 되면 벽에 붙여둔 계획서를 뜯게 될지 모른다.

넷째, 아무것도 하지 않으면 아무 일도 일어나지 않는다.

저항은 '좀 더 안전한 영역'으로 후퇴하라고 부추긴다. 잠정적 위험을 과장해서 부풀리고, 긍정적인 가능성은 깎아 내린다. 저항은 위험해 보인다는 핑계로 아무것도 하지 못하게 하는 거짓말쟁이와도 같다.

다섯째, 철저한 준비와 계산? 그건 그저, 지금 생각일 뿐이다.

중요한 것은 '실제행동'이다. 실행하지 않을 준비와 결심이 무슨 소용인가? '계획'에는 박사학위를 가졌어도, '실행'에는 유치원 아이인데 말이다.

여섯째, 몸 사리며 인생을 살아야 할 이유가 있는가?

모든 것을 시도할 수는 없겠지만 몇 가지 새로운 가능성은 언제든지 실험해 볼 수 있지 않은가.

일곱째, 좋아하지도 않는 일을 하느라 인생을 낭비하지 마라.

우리는 자신이 혹여 '중도포기자'로 보일까봐 새로운 진로로 바꾸는 것을 완강히 거부한다. 그렇게 수년, 심지어 몇 십 년을 자신을 비참하게 만드는 직업에 매달리며 낭비하고 사는 것이다.

한 가지 직업만을 고수할 필요는 없다. 그 직업을 위해서 시간과 자원을 지금껏 투자했더라도 말이다.

여덟째, 해답을 발명해 낼 수는 없다.

그저 옳은 질문으로 해답을 드러내는 수밖에.

문제 앞에서 '어떻게'라는 질문을 던지라고 배웠는가? 이미 자신이 알고 있는 지식이나 가정을 전재로 두고 해답을 찾는 셈이었으니, 뾰족한 수가 없을 수밖에.

아홉째, 배경이나 관점이 전혀 다른 사람들이 모여 있는 곳으로 가라.

성공하는 사람들은 일부러 배경이나 관점이 전혀 다른 사람과의 관계를 노린다. 자신과 사회적 인맥들로 구성되지 않은 그룹의 사람들을 만나 지식을 합치기 위해서다. 그들은 더 높은 연봉과, 더 높은 승진가능성의 비밀이 '정보교환'에 있다는 것을 알고 있는 것이다.

(존 크럼볼츠/라이언 바비노 공저, 이현정 역, 천 개의 성공을 만든 작은 행동의 힘, 프롬북스, 2014년)

리더의
생각·결정·행동

발 행 일 : 2020년 07월 01일
저　　자 : 김종원
펴 낸 이 : 김영철
펴 낸 곳 : 새로움
주　　소 : 서울특별시 금천구 벚꽃로 286 리더스타워 709호
전　　화 : 02) 2026-6900
팩　　스 : 02) 2026-6889
등록번호 : 제2014-000054호
ISBN 979-11-954604-9-6 03320

* 이 책은 저작권법에 따라 보호받는 저작물이므로 무단전재와 무단복제를 금지합니다.